Petites phrases à leur dire pour les aider à grandir

Des mêmes auteurs

Bernadette Lemoine

Personnalités toxiques. Faire face, prévenir, éduquer. Quelle espérance ?, avec Inès Pélissié du Rausas, EdB, 2017.

Le Pardon source de guérison, EdB, 2014.

Le Secret de la vraie réussite, EdB, 2011.

Maman, ne me quitte pas ! Accompagner les enfants dans les séparations de la vie, entretiens avec Anne-Marie d'Argentré, Saint-Paul, 2005.

Un petit bout de route pour un p'tit bout d'chou : comment parler en famille de la mort d'un bébé avant sa naissance, Albane de Latrollière et Colette Vyvey, préface de Bernadette Lemoine, EdB, 2018.

Diane de Bodman

Avec les conseils de Bernadette Lemoine, illustrations de Laetitia Zink, albums de la collection « Grandir ! Quelle histoire... », Nouvelle Cité, 2016 :

- *Rose Bonbon et le skateboard magique. Heureux sans tout avoir.*
- *L'Incroyable Histoire du violon d'Azur. Heureux de laisser à chacun sa place dans la famille.*
- *L'Invention géniale de Karl le Panda. Heureux d'avoir besoin les uns des autres.*
- *Azur et les nouveaux de sa classe. Heureux d'aller vers les autres.*
- *Rose Bonbon fête son anniversaire. Heureux de goûter les choses simples.*
- *Sacha fait le grand saut. Heureux de rebondir face à une difficulté.*

Bernadette LEMOINE
Diane de BODMAN

Petites phrases à leur dire pour les aider à grandir

Illustrations de Laetitia ZINK

Albin Michel

À tous les jeunes parents, et en particulier aux aînés de mes petits-enfants qui ont la joie de faire grandir Joffrey, Zoé et Olivia.

Sommaire

Introduction

Nous voulons faire de notre mieux pour que nos enfants soient solidement construits et qu'ils deviennent capables de mener leur vie avec ses joies et ses difficultés, tout en restant heureux.

Les conditions de vie évoluent mais la nature humaine a des constantes qu'il est important de connaître et de respecter. Même si les enfants parfaits n'existent pas et n'existeront jamais ! Pas plus que les parents parfaits d'ailleurs ! Notre rôle est de transmettre avec amour ce qui nous a permis de devenir heureux et responsables, capables d'aimer à notre tour.

Dans cet ouvrage présenté comme un répertoire de situations quotidiennes, c'est une ligne de conduite générale que nous proposons, une façon précise d'écouter, de parler, de réagir aux comportements des enfants. Pour chaque situation, nous présentons des conseils pratiques (souvent enrichis d'éclairages sur la psychologie de l'enfant), des phrases types choisies pour communiquer avec bienveillance et aider l'enfant à coopérer. À chacun, bien sûr, d'adapter et d'ajuster ces mots à l'âge et à la personnalité de ses enfants. La rubrique « Stop à... » pointe, au contraire, les mots et attitudes à éviter. Enfin, très souvent, nous proposons des astuces qui pourront aider certains d'entre vous.

**Pourquoi centrer notre manuel sur l'éducation à la parole, sur l'emploi de mots justes ?
« Tout mot mal prononcé fait du mal à l'âme », disait Platon.**

Pour bien grandir, l'enfant a besoin d'adultes qui lui montrent le chemin, l'encouragent, lui donnent confiance ; d'adultes qui lui manifestent leur amour par des mots et des gestes, des regards et des attitudes. Bébés, enfants, adultes, nous sommes tous sensibles aux mots. Ils agissent sur nous en stimulant ou en inhibant nos forces : ils ont un effet bon ou mauvais. Ils peuvent réjouir, sécuriser, combler, faire grandir, encourager... ou agresser, déprimer, paralyser, faire exploser, selon qu'ils sont vrais ou faux, positifs ou négatifs.
Employer des mots justes, vrais, pleins d'amour, qui font du bien, est une clé essentielle en matière d'éducation et suppose parfois un apprentissage pour nous, adultes, qui n'avons pas toujours été formés à devenir parents !
En effet, pour aider l'enfant à bien grandir, à s'exprimer clairement, à avoir des gestes et des attitudes adaptés à chaque situation, nous avons nous-mêmes, en tant qu'éducateurs, parents, grands-parents, à être attentifs et exigeants en ce qui concerne nos propres mots, réactions et comportements. Et dans le tourbillon du quotidien ce n'est pas facile ! C'est même une vraie prouesse verbale et éducative !
Ne cherchons pas à tout changer en même temps. Choisissons un point sur lequel nous commencerons à être attentifs pour modifier nos habitudes. C'est un premier pas ! L'idée est d'apprendre petit à petit à utiliser les mots et les attitudes qui conviennent le mieux à chaque enfant et à chaque circonstance.
Il y aura toujours des moments où nous nous emporterons, où nos mots sortiront trop vite et mal, où nous regretterons notre réaction. Mais il y aura aussi des moments où nous nous surprendrons : nous serons restés calmes ! Nous aurons employé des mots justes !
Nous pourrons être fiers de nos comportements et de ceux de nos enfants !

1

Les mots trésors

Et les attitudes pour transmettre l'amour

Parler en s'impliquant personnellement

Objectif

Aider l'enfant à prendre conscience de sa valeur, de sa beauté, de sa dignité, indépendamment de ce qu'il fait ou ne fait pas toujours très bien (et quelles que soient ses limites).

Conseils pratiques

1. Parlons avec **spontanéité** et **sincérité** en employant des **mots vrais, positifs, justes**.
2. **Impliquons-nous personnellement en utilisant le pronom « je ».**
3. **Accompagnons nos mots par des gestes de tendresse, un contact physique**, notre regard plongé dans le sien. Les mots seuls ne suffisent pas. Un enfant a besoin de *savoir* et de *sentir* qu'il est aimé.
4. Rappelons-lui fréquemment que notre amour est in-con-di-tionnel ! Surtout dans les situations où il croit que nous pourrions ne plus l'aimer, par exemple après une grosse bêtise, un mensonge, une dispute... L'aimer de façon inconditionnelle, c'est l'aimer quels que soient ses qualités et ses défauts. Cela ne signifie pas que nous aimons toute sa façon de se conduire, mais que nous l'aimons en tout temps, même s'il se comporte mal.

PETITES PHRASES À LEUR DIRE

Pour s'impliquer en utilisant le pronom « je » :

→ *Je t'aime !*

→ *Je suis impressionné(e)/heureux(se)... quand tu...*

→ *Je trouve formidable ce que tu as fait !*

→ *Je suis fier(ère) de toi.*

Pour exprimer nos sentiments, nos besoins, nos demandes :

→ *Je continue toujours à t'aimer même si je n'aime pas du tout ce que tu viens de faire/dire/etc.*

→ *Je n'aime pas quand tu...*

→ *Je te remercie de... J'aimerais que...*

→ *Je te demande de t'habiller/travailler/aller au lit...*

Stop à...

* La relation « klaxon » (« tu », « tu », « tu », « toi », « tes », « ton »...) qui comporte le plus souvent des injonctions ou des messages accusateurs qui « tuent » le dialogue. Par exemple :

  – Tu ne pourrais pas ranger ton vélo ?
  → Je te demande de...

  – Tu n'as pas vu l'heure qu'il est ?
  → Regarde l'heure.

  – Tu ne m'écoutes pas !
  → Je ne me sens pas très écouté(e) de toi.

* L'emploi de « phrases plaintes » négatives comme : « Tu me manques. »
  → Je serai content(e) de te retrouver.

* L'emploi de phrases fusionnelles du style : « Maman te demande... Donne à maman... Viens voir maman... »
  → Je te demande... Donne-moi... Viens me voir.

Vers les 2 ans de l'enfant, la maman doit commencer à se différencier de son petit et lui faire comprendre qu'il est, lui aussi, une personne à part entière.

* L'emploi de surnoms qui pourraient ridiculiser (« bouboule », « crapaud »...) ou être la marque d'une éventuelle préférence (« mon petit chouchou », « mon amour adoré »...).
* L'emploi du même surnom ou petit nom pour son enfant et son conjoint, par exemple « mon amour ».
* L'emploi de mots bébé qui pourrait retarder la croissance affective et l'apprentissage de la langue maternelle, par exemple, « On va faire plouf-plouf dans le bain ! », « Regarde le cui-cui ! »

Astuces

Pour que les actes confirment les mots :

* Jouer avec ses enfants : cela les comble affectivement et permet de mieux les connaître[1].
* Avoir le sens de la célébration : fêter une bonne note, une victoire au foot, la venue d'un ami, etc. Il n'y a pas que les anniversaires !
* Rappeler que tout ce que nous faisons pour eux, qui leur paraît normal (travail professionnel, repas, courses, inscription aux activités, invitation de copains), est une belle preuve d'amour !

1. Pour aller plus loin, voir l'ouvrage de Jean-Marie Frécon, *Comme le lion et le lionceau, 40 jeux pour plus de complicité parent-enfant*, Albin Michel, 2017.

Parler pour rendre unique chaque enfant

Objectif

S'ajuster à chacun et à chaque circonstance. Une fratrie n'est pas un troupeau !

Conseils pratiques

1. **Passons régulièrement des moments de qualité privilégiés avec chaque enfant, seul**. Par exemple : activité sportive ou culturelle, bricolage, balade, repas, shopping, etc. Souvent, dans ces moments, l'enfant se sent bien et parle librement. C'est aussi un bon antidote à la jalousie.
2. **Marquons des différences** selon l'âge, le tempérament, dans les horaires, les activités permises... Par exemple échelonner les couchers en fonction de l'âge ; le matin, accepter qu'un enfant ait besoin de plus de temps que les autres pour se préparer ; etc.
3. **Adaptons nos cadeaux** à l'âge et au goût de chacun (n'offrons pas de tablette à un petit ni de doudou à un grand !).

Stop à...

* Faire de la gestion de groupe.
* Interrompre ou ne pas écouter le petit dernier que l'on considère moins intéressant.
* Écouter davantage l'aîné qui, *a contrario*, est considéré comme plus intéressant.
* Solliciter trop souvent l'aîné du fait qu'il est le plus grand : à modérer !

Astuces

* Se préparer personnellement à ces moments de qualité prévus avec l'enfant. Trouver ce qui nous détendra et nous ressourcera pour, le moment venu, avoir de l'énergie à lui donner (se changer en rentrant du bureau, avoir une petite discussion paisible avec notre conjoint, écouter de la musique, etc.).
* Profiter du coucher pour discuter avec son enfant. C'est un moment idéal pour capter son attention.
* Programmer dans son emploi du temps une heure avec chaque enfant, à un rythme tenable (semaine, quinzaine, mois).

Parler pour encourager l'enfant

Encourager, c'est parler et agir de façon à augmenter et faire durer le courage, la persévérance de celui auquel nous nous adressons. « L'encouragement est à l'enfant ce que l'eau est à la plante. » (Rudolf Dreikurs[1])

Objectifs

1. Développer l'estime et la confiance en soi de l'enfant.
2. Développer son aptitude à persévérer et à patienter.

Conseils pratiques

1. **Ouvrons les yeux pour voir, reconnaître** ce que l'enfant a bien fait, réussi, amélioré... et utilisons les occasions qui se présentent pour **le complimenter, le valoriser, le gratifier**.

   Cela lui donnera le courage de tenter plus d'expériences.
2. **Exprimons-lui notre ressenti personnel** sur un devoir, un dessin bien fait, un service rendu, le petit détail positif dans un devoir bourré de fautes !
3. **Pensons à ouvrir la perspective d'un progrès** s'il a des efforts à faire.

1. Psychiatre américain (1897-1972).

PETITES PHRASES À LEUR DIRE

Pour complimenter, valoriser, gratifier l'enfant :

→ *Je suis heureux(se)/Je me réjouis de voir cette note/ce bulletin, cela me fait plaisir...*

→ *C'est bien ! Tu as bien fait ! C'est réussi ! C'est une super note/un bon travail !*

→ *Tu as mis toutes tes forces, toute ton énergie pour... Tu en es récompensé(e), continue c'est bien !*

→ *Tu as bien écrit chat avec un t. Bravo, continue !*

→ *J'ai été impressionné(e) par ta persévérance pour faire ton devoir.*

→ *Je vois que tu as pensé à faire ton lit. Bravo !*

Pour ouvrir la perspective d'un progrès :

→ *Tu y es presque ! Continue ! Persévère !*

→ *Cela me fait vraiment plaisir que tu aies progressé ! Tu as fait de ton mieux, je te félicite (quelle que soit la note).*

Stop à...

* Des louanges systématiques et exagérées : « Tu es vraiment le plus fort ! »
* Dire : « Tu es un super garçon ! »
→ « Ce que tu viens de faire est super ! » (pour lui éviter de croire qu'il doit être parfait pour être aimé).

Astuces

* Employer un vocabulaire précis pour souligner au mieux les efforts, les réussites de l'enfant.
* Souligner en premier ce qui a déjà été fait, puis décrire ce qui ne va pas, ce qui reste à faire. Par exemple : « Je vois que vous avez débarrassé toutes les assiettes et les couverts. Il reste encore les verres à mettre dans le lave-vaisselle. »
* Si le dessin/le devoir de l'enfant n'est pas encore réussi mais qu'il a fait de son mieux, le complimenter en l'encourageant à progresser.

Parler sans utiliser les « étiquettes », qui emprisonnent et empoisonnent

Objectifs

1. Laisser à l'enfant la possibilité de changer sans le stigmatiser.
2. L'encourager au lieu de le décourager.
3. Éviter de le blesser.

Conseils pratiques

1. **Évitons les généralités.**
2. **Oublions les mots négatifs et humiliants. Changeons de mots !** Tout peut être dit avec des mots justes et encourageants.
3. **Pensons toujours à qualifier les actes** et non pas la personne.

PETITES PHRASES À LEUR DIRE

Pour éviter les généralités :

Dans la famille, le sport/l'orthographe... ce n'est pas notre truc.

→ *Beaucoup d'entre nous ont des difficultés. En même temps, les difficultés sont là pour être dépassées !*

Pour éviter les mots négatifs :

Tu es nul(le) en maths !

→ *Tu as des difficultés en maths mais courage ! Tu finiras par progresser.*

→ *Je te demande de faire de ton mieux. Tu progresseras petit à petit.*

Pour qualifier les actes et non la personne :

Tu es bête !!!!

→ *Tu n'as pas assez réfléchi. Est-ce que tu veux bien réfléchir de nouveau à ce que tu viens de dire ?*

→ *Je t'invite à réfléchir un peu plus.*

Tu n'es qu'un(e) menteur(euse), un(e) voleur (euse), un(e) paresseux(euse)… !

→ *Tu viens de mentir/de voler/de perdre ton temps…*

→ *C'est un mensonge/du vol/de la paresse…*

Tu es méchant(e) !

→ *Ce que tu as fait est méchant.*

Stop à…

* Les réactions au quart de tour !
* L'emploi de mots comme « toujours », « jamais », « pour une fois », « complètement », « incapable », « encore »… À nuancer pour être plus conforme à la réalité : « (bien) souvent », « parfois », « en partie »… Exemples :

  – Tu laisses toujours la porte des toilettes ouverte !

  → Tu laisses souvent la porte des toilettes ouverte. Peux-tu être plus attentif(ve) ?

  – Allez, dépêche-toi de choisir, pour une fois ! Tu préfères aller à la piscine ou au foot ?

  → Où préfères-tu aller ? À la piscine ou au foot ?
* L'emploi de formules excessives : « Tu me tues », « Tu n'y arriveras jamais », « Je suis morte de fatigue/de faim », « Je vais mourir, c'est l'horreur ! », etc.
* Les compliments ambigus qui ne font pas progresser l'enfant dans le bon sens : « Tu seras un(e) bon(ne) négociateur(trice) plus tard ! » à un enfant qui vient de manipuler ses parents.

Astuce

* Oser reformuler tout de suite de façon positive et encourageante si nous ne l'avons pas fait spontanément !

Parler et respecter l'enfant qui refuse nos marques de tendresse

Objectif

Respecter l'enfant qui est fâché, voire en souffrance, ou de nature peu communicative.

Conseils pratiques

1. **Soyons attentifs** : une blessure affective peut pousser l'enfant à refuser ce dont il a très envie...
2. **N'insistons pas et restons à la bonne distance,** surtout si c'est un pré-ado !
3. **Respectons le refus** de celui qui ne veut pas de baiser à l'école devant les autres. Peut-être préfère-t-il recevoir des marques d'affection à la maison...
4. **Parlons sobrement**, tout en continuant à manifester notre amour discrètement.

PETITES PHRASES À LEUR DIRE

Pour respecter le refus des marques de tendresse :

→ *Je respecte ton refus de bisous. Je t'aime même si nous ne nous embrassons pas.*

Stop à...

* L'excès de baisers !
* Continuer guilis et bisous quand l'enfant nous demande d'arrêter. Il peut être tentant de chatouiller et de couvrir de baisers un petit... Mais le faisons-nous pour notre propre plaisir ou pour son bien-être ? Si notre plaisir rencontre le sien, tout va bien. Si ce n'est plus

le cas, arrêtons-nous ! Nous n'avons pas le droit d'utiliser le corps de l'enfant pour notre plaisir et il est fondamental que l'enfant sache que son corps lui appartient et que les limites qu'il pose seront respectées[1].

Astuces

* Dès la naissance et pendant l'enfance et l'adolescence, tous les enfants ont besoin de contact physique. Il n'y a pas que les baisers ! Le contact tendre diminue le stress, apporte bien-être et sérénité : peau à peau pour les bébés, massages, caresses dans les cheveux, main posée sur l'épaule, le bras, etc. Accompagner ces gestes tendres de quelques mots d'encouragement est très bénéfique pour l'enfant.
* La pratique de sports physiques (rugby, lutte, judo…) ou, avec les plus petits, la lecture d'une histoire sur les genoux, par exemple, sont de bons moyens d'offrir à l'enfant des contacts physiques et des moments de bonheur[2].

1. Pour aller plus loin, voir l'ouvrage d'Isabelle Filliozat, *Au cœur des émotions de l'enfant*, Poche Marabout, 2013.
2. Pour aller plus loin, voir l'ouvrage de Gary Chapman et Ross Campbell, *Langages d'amour des enfants. Les actes qui disent « je t'aime »*, Farel, 2016.

Parler et favoriser des échanges de qualité en trois étapes

1 - Écouter d'abord l'enfant avant de parler

Se savoir écouté, c'est se sentir aimé ! Écouter, c'est plus qu'entendre avec ses oreilles. C'est vouloir comprendre l'autre et ce qu'il veut nous dire, non seulement par ses paroles, mais aussi par tout ce qu'il exprime : attitudes, mimiques, etc. C'est être autant attentif à son état intérieur qu'aux mots qu'il emploie.

Objectifs

1. Favoriser une bonne relation avec l'enfant en étant vraiment à l'écoute.
2. Rejoindre avec empathie l'enfant dans ce qu'il est en train de vivre, de penser...
3. Permettre à l'enfant d'être plus au clair avec lui-même et de se sentir entendu.
4. Augmenter les chances d'être écouté à notre tour.

Conseils pratiques

1. **Commençons par écouter** avec bienveillance ce que l'enfant dit de la situation qu'il vit.
2. **Soyons tout autant attentifs** à son **langage non verbal** (gestes, mimiques, intonations, cris, murmures, bougonnements...) et à **son attitude** (furieux, bouleversé, blessé, etc.), qui révèlent son état affectif.
3. **Prenons conscience, également, de ce qui est touché en nous** par ce qu'exprime l'enfant. **Osons mettre des mots sur nos émotions**, notre ressenti, qu'ils soient positifs ou négatifs. Cela nous permettra de mieux contrôler notre affectivité et d'encourager l'enfant à extérioriser ce qu'il ressent.

PETITES PHRASES À LEUR DIRE

Pour écouter attentivement et avec bienveillance l'enfant :

→ *Je t'écoute. Dis-moi...*
→ *Raconte-moi toi d'abord ce que tu as à me dire, je t'écoute.*
→ *Regarde, j'ai sorti mes grandes oreilles de lapin pour t'écouter !*
→ *Je cherche à.../J'aimerais te comprendre...*

Stop à...

* Déclarer à l'enfant, avant même qu'il n'ouvre la bouche : « Je sais très bien ce que tu vas me dire ! »
* Consoler l'enfant avant de lui laisser exprimer les raisons de sa tristesse.

Astuces

* Être attentif(ve), même aux détails. Ils peuvent être pour lui de la plus grande importance.
* Montrer à l'enfant que nous avons tout notre temps pour l'écouter en nous asseyant quelque part, en arrêtant notre activité, etc.
* Se mettre physiquement à son niveau, notre regard à la hauteur du sien.

2 - Aider ensuite l'enfant à mettre des mots sur son ressenti, ses émotions

Objectifs

1. Aider l'enfant à être au clair avec ce qu'il ressent pour contribuer à son équilibre psychique.
2. Amener l'enfant à accepter une décision dictée par la raison alors qu'elle ne va pas dans le sens de ses désirs.

Conseils pratiques

1. **Après avoir accueilli** ses émotions, son ressenti, **sachons rejoindre l'enfant avec compassion** en nous mettant à sa place : nous pouvons répéter ce qu'il vient de nous dire, avec une empathie sincère, en commençant par « Je vois... », « J'imagine que... », « J'ai l'impression que... ». Nous lui montrons ainsi que nous avons bien compris, bien mesuré son émotion.
2. **Reformulons, en d'autres termes, les émotions** exprimées par l'enfant et **demandons-lui de confirmer** que c'est bien ce qu'il ressent.
3. **Si l'enfant n'en est pas capable, aidons-le à trouver les mots justes** correspondant à ce qu'il est train de vivre. S'il se sent compris, l'enfant sera beaucoup plus disposé à entendre ce que nous lui demandons.

En accueillant les sentiments d'un enfant, nous le mettons en contact avec sa réalité intérieure. Et parce qu'il est reconnu dans cette réalité, il trouve plus facilement les forces nécessaires pour se prendre en main.

PETITES PHRASES À LEUR DIRE

Pour accueillir les émotions... :

→ *Je vois que tu es en colère/Te sens-tu en colère ?*

→ *Tu as le droit de te sentir en colère/jaloux(se)... (je continue toujours à t'aimer).*

Pour nommer ou aider l'enfant à nommer ses émotions :

→ *J'ai l'impression/J'imagine que tu n'as pas envie de... que tu te sens frustré(e) insécurisé(e), découragé(e), triste ou... ? Est-ce bien cela ? Qu'as-tu ressenti quand... ? Qu'est-ce qui t'ennuie le plus ?*

→ *Je sens que tu as peur/honte... /Tu as sans doute eu peur... Est-ce bien cela ?*

→ *De quoi as-tu peur ? Y a-t-il quelque chose qui te fait peur ?*

Stop à...

* Juger l'enfant ou son ressenti : « Ce n'est pas joli d'être jaloux/Ce n'est pas bien d'être peureux... »
* Nier l'émotion de l'enfant : « Tu n'as aucune raison d'avoir peur ! »

Astuces

* Être patient(e) ! Il faut du temps pour qu'un enfant sache mettre des mots sur ses émotions. (C'est un apprentissage progressif qui peut se faire à partir de 3 ou 4 ans.)
* Lui faire dessiner un visage exprimant son/ses émotion(s) et/ou le faire jouer avec une carte des émotions[1].

1. Vous trouverez de nombreux supports sur Internet (roue, cartes, météo...).

3 - À notre tour de parler maintenant !

Objectifs

1. Amener l'enfant à accepter les justes raisons de notre demande ou réponse : le faire passer de l'affectif au rationnel.
2. Accepter éventuellement de changer notre position si cela nous paraît plus juste après avoir écouté l'enfant.

Conseils pratiques

1. **Prenons le temps de la réflexion** chaque fois que cela est possible (notamment en cas de conflit).
2. **Osons différer** nos réponses, même si l'enfant insiste pour avoir une réponse immédiate (inviter un copain, etc.). Ne cédons pas à la pression.
3. **Présentons-lui d'abord le but** pour qu'il comprenne bien le sens de notre demande. Par exemple : « pour que tu grandisses bien », « pour que tu sois en forme », « pour que tu sois serein(e) »...).
4. Exprimons-nous avec des phrases simples, un vocabulaire clair et précis pour être bien compris.
5. **Restons calmes et fermes si l'enfant refuse d'écouter** : la fermeté est sécurisante, preuve de notre fiabilité et de la solidité de notre amour.

PETITES PHRASES À LEUR DIRE

Pour différer la réponse à une question :

→ *J'ai bien entendu ce que tu viens de me dire/demander. Je vais y réfléchir.*

→ *Je ne peux pas te répondre tout de suite. Laisse-moi le temps d'en parler avec papa…*

Pour demander à l'enfant de nous écouter :

→ *Peux-tu m'écouter maintenant ?*

→ *Je comprends très bien que… (insister sur le fait que nous comprenons très bien), mais, pour que…, est-ce que tu veux bien… (passer de l'affectif au raisonnable) ?*

Exemple : Je comprends très bien que tu puisses te sentir en colère, mais pour que l'on puisse partir à l'école, est-ce que tu veux bien enfiler tes chaussures ?

Pour montrer notre fermeté :

→ *Papa et moi sommes d'accord. Nous ne changerons pas notre demande pour les raisons que nous t'avons expliquées.*

→ *Je sais que cela t'est désagréable/Je comprends que cela ne te plaise pas… je le regrette mais je te demande de…*

Étant donné la multiplicité des situations, nous verrons plus en détail, dans les chapitres suivants, comment ajuster nos propos à chaque situation.

Stop à…

* S'écrier : « Tais-toi ! Écoute-moi ! »
* Dire : « Il faut que… Tu n'as qu'à… »
  → « Ne pourrais-tu pas… ? J'aimerais beaucoup que… »

Astuces

* Chercher à s'exprimer avec des mots, des expressions, des phrases positives. Par exemple : « Pense à prendre ton sac de sport ! » et non « N'oublie pas de prendre ton sac de sport ! »
* Reformuler ce que l'enfant dit en commençant par « oui », pour lui montrer que nous l'avons bien compris.
* Poser une seule question à la fois et ne pas demander trop de choses en même temps.

Parler, même quand nous ne sommes pas en forme (et que les mots ne sortent pas ou mal)

Objectifs

1. Limiter l'impact sur l'enfant de notre fatigue, de notre énervement, de notre peur…
2. Éviter de culpabiliser, de stresser l'enfant.

Conseils pratiques

1. **Exprimons notre ressenti, nos émotions** : nous sommes fatigués, stressés, distraits, angoissés par notre travail, telle ou telle situation, etc. Et nous avons le droit de l'être ! En nous voyant mettre des mots sur nos sentiments, l'enfant apprendra à faire de même.
2. **Expliquons** – avec sobriété – pourquoi nous sommes peut-être un peu moins bavards, ou moins aimables aujourd'hui. Soyons **vrais et authentiques**. Les enfants ressentent tout et se sentiront mieux si nous sommes vrais avec eux.
3. **Osons dire que nous regrettons** les mots désagréables/injustes qui dépassaient notre pensée. L'enfant apprend beaucoup en voyant l'adulte réfléchir et revenir sur ce qu'il a dit. Faire des erreurs, se tromper est normal et fréquent dans l'éducation.

PETITES PHRASES À LEUR DIRE

Pour exprimer ce que nous ressentons et expliquer ce qui nous arrive :

→ *Je me sens fatigué(e)/énervé(e) aujourd'hui mais je t'aime toujours autant.*

→ *J'ai un souci pour… Ce n'est pas très grave, ce n'est pas de ta faute et tout le reste va bien !*

→ *C'est une bonne idée de te tenir loin de moi en ce moment. Je me sens irritable à cause de... Tu n'y es pour rien du tout.*

→ *Ce n'est pas le bon moment pour que je regarde tes devoirs. Je suis tendu(e) et distrait(e). Après le dîner, je serai plus concentré(e).*

Pour exprimer notre ressenti avec humour :

→ *J'ai de la patience grosse comme un petit pois en ce moment !*

Pour présenter des excuses à l'enfant :

→ *Je regrette de t'avoir parlé comme je l'ai fait. Ce n'était pas juste, je te demande pardon.*

Stop à...

* Dire : « C'est de ta faute ! Tu m'énerves ! Tu me fatigues ! Je n'en peux plus ! »
* Céder quand nous sommes fatigués. Au contraire, tenons le cap !

Astuces

* Penser à nommer aussi nos sentiments positifs !
* Avoir recours à un petit mot écrit, si possible avec humour, permet de faire passer des messages différemment[1]. Par exemple : « Maman ballon sur le point d'exploser ! Rangement urgent ! » (à accrocher sur la porte d'une chambre en désordre) ; « Cher..., je ne me suis pas promené depuis deux jours. Pense à moi ! Signé : ton chien, Biscotte. »

1. Pour aller plus loin, voir le livre de Adele Faber et Elaine Mazlish, *Parler pour que les enfants écoutent, écouter pour que les enfants parlent*, aux Éditions du Phare, 2016, p. 113.

OURS

2

Les mots réconfort

Pour bien préparer les (petites et grandes) séparations

Conseils utiles sur les séparations

Aller dormir, c'est se séparer ; aller à la crèche ou à l'école, c'est se séparer ; partir en vacances, c'est encore se séparer ! Un très grand nombre de demandes faites aux thérapeutes pour enfants concernent les difficultés – parfois considérables – liées aux séparations mal vécues. Pourquoi ?
Au début de notre vie, nous sommes fusionnels avec notre mère. Peu à peu, pour devenir qui nous sommes, nous avons à dé-fusionner, à prendre de la distance par rapport à elle. Au cours de cette prise de distance progressive, il arrive qu'une séparation puisse être douloureuse parce qu'elle intervient dans de mauvaises conditions (trop tôt, trop longue, mal préparée...). À partir d'une mauvaise expérience, toute séparation risque d'être douloureuse et de générer troubles et difficultés. Cette sensibilité à la séparation reste vive tant que le petit enfant croit que l'amour cesse quand il y a séparation... Il se sent abandonné et en danger.

Apprendre à se séparer est donc un apprentissage incontournable pour chacun de nous. Quelques conseils de prévention permettront à la relation de confiance de rester solide. Se séparer ne sera plus assimilé à un signe de perte d'amour mais à une occasion de croissance. Procédons à l'apprentissage des séparations de façon progressive et douce :

* **Pérennisons les points de repère quotidiens** de l'enfant : les personnes qui s'occupent de lui (parents, nounou), sa maison. Veiller à leur permanence sécurise les enfants.
* **Prévenons toujours** le bébé/l'enfant si une séparation ou un changement dans un ou plusieurs points de repère quotidiens est prévu. Expliquons-lui ce qui va se passer.
* **Rassurons-le sur le fait que nous continuerons à l'aimer** et que nous le retrouverons.
* **Évitons, si possible, les séparations avant l'âge de 3 mois.**
* **Adaptons les séparations à l'âge :** les premières séparations doivent être brèves, puis, progressivement, nous en augmenterons la fréquence et la durée.

Quand l'enfant se couche pour la nuit ou la sieste

Rappelons que le coucher est un moment privilégié pour reparler de ce qui s'est passé dans la journée, répondre à une question, laisser l'enfant confier ses soucis, etc.

Objectifs

1. Favoriser un coucher serein, puis une nuit calme et sans pleurs.
2. Pas de re-lever une fois la porte de la chambre fermée.

Conseils pratiques

1. **Instaurons un rituel du coucher** (passer aux toilettes, boire un verre d'eau, lire une histoire, allumer la veilleuse, etc.) pour préparer la séparation de la nuit.
2. **Assurons-nous que TOUT le rituel du coucher** est accompli avant de lui dire bonsoir.
3. **Mettons en avant le but** (pour que...) et restons fermes après avoir parlé car tous les enfants essaient d'attendrir leurs parents pour prolonger la soirée.
4. **Répétons les phrases ci-dessous fermement** chaque soir au moment du coucher (la fermeté est une qualité de l'amour que l'on porte à un enfant. Nous lui apprenons que tout n'est pas négociable dans la vie).
5. **Encourageons et félicitons l'enfant** si la nuit s'est bien passée.

PETITES PHRASES À LEUR DIRE

Pour sécuriser l'enfant au moment du coucher :

→ *Pour grandir, pour que tu puisses bien jouer/travailler/faire du sport demain…, il faut dormir.*
→ *C'est l'heure de dormir. Dormir, c'est très important parce que cela permet de grandir.*
→ *Pendant que tu dors, je continue à t'aimer.*
→ *Quand tu es seul(e) dans ton lit, dans ta chambre, tu es en sécurité. Tout va bien.*
→ *Tu peux être tranquille. Je reste à la maison et tu peux rester seul(e) dans ta chambre.*
→ *Nous nous retrouverons demain matin.*

Pour féliciter et encourager l'enfant si la nuit s'est bien passée :

→ *Bravo ! Tu as dormi comme un(e) grand(e) ! Nous allons pouvoir faire des choses intéressantes de grand(e) parce que tu as grandi.*
→ *Je suis très fier(ère) de toi, tu as bien grandi, continue !*

C'est suffisant s'il n'y a pas déjà eu un événement provoquant une angoisse de séparation. Un enfant qui ne veut pas se coucher, se relève sans cesse ou se réveille une ou plusieurs fois par nuit, est généralement un enfant qui souffre de la séparation qu'impose le sommeil. Il est conseillé de ne pas attendre pour demander l'aide d'un thérapeute.
Un bébé, s'il est sevré, doit faire ses nuits à partir de 3-4 mois, plus tardivement s'il est nourri au sein. Si ce n'est pas le cas, il y aura lieu, bien souvent, d'avoir recours à un thérapeute.

Stop à...

* Partir en cachette, à l'insu de l'enfant (dans la journée, à la sieste, la nuit). L'enfant doit voir partir ses parents, même si cela le fait pleurer.
* Coucher son enfant trop tard pour le voir en rentrant du bureau, sans tenir compte de ses besoins physiologiques de sommeil.

Astuces

* Après une grosse crise de pleurs/colère, attendre que l'enfant se soit calmé pour le coucher. Prendre le temps de faire un petit jeu, lire une histoire, finir un dessin... pour qu'il se change les idées avant de dormir.
* Prendre le temps de coucher son enfant, sereinement, sans accélérer le processus du coucher, même si nous sommes attendus ou si nous avons une multitude de tâches à boucler.

Quand l'enfant se met à pleurer la porte à peine fermée

Objectifs

1. L'habituer à s'endormir calmement seul dans son lit.
2. Le rassurer s'il y a une difficulté.

Conseils pratiques

1. **Gardons un ton ferme et décidé**.
2. Si ses pleurs ne révèlent pas une angoisse de séparation, **répétons-lui une seule fois** – pas davantage –, derrière la porte, sans rentrer dans la chambre, les phrases ci-dessous.

PETITES PHRASES À LEUR DIRE

Pour sécuriser l'enfant qui pleure (et qui n'a pas d'angoisse de séparation) :

→ *Je comprends que tu préfères continuer à jouer/à être éveillé(e)/que tu n'aies pas envie de te coucher...*

→ *Je te rappelle que dormir c'est très important pour grandir.*

→ *Puisque tout va bien pour toi, tu peux pleurer si tu veux mais je ne viendrai plus te prendre ni te parler.*

Stop à...

* Rentrer dix fois, vingt fois dans la chambre de l'enfant s'il pleure et nous appelle.
* Ressortir l'enfant de son lit pour le coucher plus tard en imaginant qu'il n'est pas encore fatigué.
* Rester caché(e) voire tétanisé(e) derrière la porte à attendre que l'enfant se taise.

Astuces

* Faire un vrai travail intérieur – si nécessaire – pour accepter de laisser pleurer l'enfant un certain temps sans culpabiliser.
* Si l'enfant pleure beaucoup, c'est peut-être le signe d'une angoisse de séparation. Un thérapeute peut y remédier rapidement.

Quand l'enfant se réveille la nuit

Objectifs

1. Le rassurer.
2. Lui donner l'habitude de passer la nuit sans se réveiller et de n'appeler ses parents que s'il est malade.

Conseils pratiques

1. Si c'est un réveil accidentel, intervenons avec affection pour voir ce qu'il se passe et remédier à la cause (dents, maladie, cauchemar, etc.).
2. Si c'est répétitif (peur récurrente du loup, des voleurs, des meubles, des petits bruits, etc.), cela est généralement le signe d'une angoisse de séparation. Un thérapeute pourra y remédier.

   Après son intervention, disons simplement derrière la porte : « Tout va bien. Tu peux te rendormir. »
3. Si l'enfant continue de pleurer après l'intervention d'un thérapeute, laissons-le pleurer en respectant les consignes de fermeté données. C'est difficile... mais nécessaire, et tout rentrera dans l'ordre en peu de temps.

Stop à...

* Prendre l'enfant/le bébé dans notre lit ou accepter qu'il dorme dans la chambre des parents.
* Le nourrir ou lui donner à boire pour être tranquille si c'est un bébé qui fait ses nuits et qui n'est pas malade.

Astuces

* Laisser un petit biberon d'eau à la portée de l'enfant.
* Accrocher le doudou de l'enfant à sa gigoteuse avec un clip pour éviter qu'il ne le perde pendant la nuit et n'appelle en pleurs...

Quand l'enfant fait un cauchemar

Objectifs

1. Le rassurer.
2. L'aider à se rendormir.

Conseils pratiques

1. Si c'est accidentel, **réveillons complètement** l'enfant pour qu'il prenne conscience que ce dont il a rêvé n'est pas la réalité.
2. **Faisons-lui raconter** son cauchemar en le gardant **tout contre nous**, puis inventons avec lui une suite positive à ce cauchemar.
3. **Recouchons-le en le rassurant**.
4. S'il fait des cauchemars régulièrement, **consultons** un thérapeute.

PETITES PHRASES À LEUR DIRE

Pour rassurer l'enfant :

→ *Oh, ce n'était pas drôle, tu as eu peur ! C'était un mauvais rêve, un cauchemar, mais ça n'existe pas pour de vrai. Tu peux te rendormir tranquilement.*

→ *Tu vois bien que ce n'est pas vrai, ça n'est pas vraiment arrivé, ça n'arrivera pas. Tu peux te rendormir tranquillement.*

Stop à...

* Emmener l'enfant dans le lit des parents.

Astuces

* Allumer la lumière et le faire aller aux toilettes.
* Proposer un verre d'eau.
* Lire une page ou deux aux plus grands.

* Le lendemain, on peut faire dessiner à l'enfant son cauchemar. Puis lui faire dessiner une grande cellule pour « mettre le cauchemar en prison ». Enfin, lui faire découper son cauchemar avant de jeter les morceaux à la poubelle.

Quand l'enfant va avoir un petit frère ou une petite sœur[1]

Objectifs

1. Lui faire accepter cette nouvelle comme une bonne nouvelle.
2. Prévenir une éventuelle réaction de jalousie.
3. Déraciner les peurs éventuelles d'être moins aimé.
4. Lui apprendre à accepter de laisser au suivant les avantages d'être le petit dernier.

Conseils pratiques

1. **Prévenons les enfants assez vite en prenant soin de les rassurer** sur le fait qu'ils n'auront pas moins d'amour parce qu'ils seront plus nombreux. Chacun a tout l'amour de son papa et de sa maman. L'amour se multiplie, il ne se divise pas.
2. **Expliquons-leur que les signes d'amour sont ajustés à l'âge** de chacun.
3. Certains petits ressentent que leur maman attend un bébé avant qu'elle-même ne le sache. Cela se manifeste par des signes désagréables : troubles du sommeil, agitation, opposition… Dans ce cas, **annonçons immédiatement** la grossesse en précisant que notre amour sera toujours le même.

PETITES PHRASES À LEUR DIRE

Pour prévenir et rassurer l'enfant :

→ *J'ai un cœur rempli d'amour uniquement pour toi. Le petit bébé ne prendra pas le cœur d'amour que j'ai pour toi. J'ai un autre cœur pour lui.*

→ *L'amour ce n'est pas un gâteau qui se partage. Chacun a, tout entier, le gâteau d'amour de ses parents.* >>>

1. Pour aller plus loin, voir l'ouvrage de Bernadette Lemoine, *Maman, ne me quitte pas !*, Saint-Paul, 2005.

>>>

→ *Il y a tout autant d'amour pour chacun quel que soit le nombre d'enfants.*

Après la naissance, pour expliquer que les signes d'amour s'ajustent à l'âge de chacun :

→ *Regarde bien comment je m'occupe du bébé. Tu ne te rappelles pas, mais tu as déjà reçu tous ces mêmes signes d'amour.*

→ *Maintenant, comme tu es plus grand, tu as d'autres signes d'amour : nous faisons des jeux, du vélo, nous allons au parc, nous discutons, nous lisons des livres, etc. C'est à travers toutes ces activités de grand(e) que je montre que je t'aime.*

→ *Je ne les fais pas avec le bébé. Ce que je fais avec le bébé, je l'ai fait pour toi quand tu avais son âge.*

Stop à...

* Beaucoup tarder à annoncer la nouvelle à l'enfant par peur de réactions négatives.

Astuce

* Pour que la naissance soit vécue comme une fête, les parents peuvent offrir un petit cadeau aux frères et sœurs.

Quand, juste après la naissance, le bébé est séparé longtemps de sa maman

Objectif

Sauvegarder le lien d'attachement mère-enfant qui est très important pour le bon développement affectif du bébé.

Conseils pratiques

1. **Rassurons le bébé sur l'amour de sa maman** en lui expliquant qu'il la retrouvera bientôt (ou plus tard).
2. **Demandons au papa** (ou à une autre personne aimante) **de suivre si possible le bébé** là où il est emmené, de lui parler, de le prendre dans ses bras, de le rassurer, de lui dire que sa maman l'aime et le retrouvera après.

PETITES PHRASES À LEUR DIRE

Pour que la maman rassure son bébé :

→ *Tu vas aller à tel endroit et quelqu'un s'occupera de toi. Je continue à t'aimer.*

→ *Tu reviendras quand tout ira bien. Tu peux être tranquille parce que nous nous retrouverons.*

→ *Pendant que tu seras là-bas, je continuerai toujours à t'aimer.*

Pour que le papa ou une autre personne rassure le bébé :

→ *Ta maman t'aime et tu vas bientôt la revoir.*

Stop à...

* Croire que le bébé ne comprend rien !
* Le laisser partir sans paroles réconfortantes : il ressent tout.

Astuce

* Dans la mesure du possible, garder son bébé auprès de soi la nuit (à la maternité). Sinon, lui expliquer cette séparation passagère et le rassurer en mettant un vêtement, un foulard imprégné de l'odeur de la maman à côté de lui dans son berceau.
* Mêmes précautions à prendre si le bébé a besoin d'être séparé de sa maman pour passer sous la lampe à UV.

Quand l'enfant est sevré

Le sevrage est vécu par beaucoup comme une séparation.

Objectifs

1. Accompagner ce changement pour qu'il se passe le mieux possible.
2. Faire accepter à l'enfant ce qui lui semble être une séparation.

Conseils pratiques

1. Menons le changement **progressivement et avec amour**.
2. **Prévenons bien** l'enfant et rassurons-le sur la permanence de notre amour.
3. **Félicitons-le** s'il l'a bien accepté.

PETITES PHRASES À LEUR DIRE

Pour rassurer l'enfant :

→ *Je continue à t'aimer même si je ne te donne plus mon lait.*
→ *Avec ce nouveau lait, tu pourras continuer à bien grandir.*
→ *Mon amour n'est pas dans mon lait ! Je t'aime même si tu ne bois pas mon lait !*
→ *C'est bien, tu as bien compris que tu allais continuer à grandir, bravo !*

Stop à...

* Démarrer le sevrage dans un contexte de changement, par exemple pendant les vacances, au moment d'un déménagement...

Astuce

* Demander éventuellement que les premiers biberons soient donnés par une grand-mère ou le papa.

Quand l'enfant est gardé à l'extérieur, va à la crèche ou à la maternelle

Objectifs

1. Aborder sereinement une situation nouvelle comportant une séparation d'avec maman.
2. Continuer à être heureux dans cette nouveauté apprivoisée.

Conseils pratiques

1. Préparation : **préparons bien l'enfant en lui disant très concrètement comment les choses vont se passer** : ce qui peut le surprendre, ce qui peut être difficile, nouveau, comme ce qui peut être agréable (nouveaux jeux, amis, etc.).
2. Adaptation : comme toutes séparations et situations nouvelles, procédons avant tout à une **adaptation progressive** en passant un moment avec l'enfant à la crèche ou chez la nounou, pendant plusieurs jours.

   Quand il aura fait connaissance avec les personnes et les lieux, habituons-le à des absences courtes, puis de plus en plus longues.
3. Avant de quitter la maison, **préparons-nous autant que possible dans le calme** et essayons d'être ponctuels !!
4. Avant de le laisser, **rappelons-lui que nous le retrouverons**, que telle personne connue viendra le chercher pour retourner à la maison.
5. **Aidons-le à se projeter** dans une activité agréable qu'il connaît et retrouvera en rentrant à la maison.

PETITES PHRASES À LEUR DIRE

Pour préparer concrètement l'enfant à la situation qu'il va vivre :

→ *Tu vas aller dans telle crèche/école/chez telle personne que tu ne connais pas. Une nounou/maîtresse que tu n'as pas encore rencontrée s'occupera de toi et d'autres enfants. Tu auras des amis pour jouer.*

→ *Pendant que tu es avec ta nounou/à la crèche/à l'école, même si tu ne me vois pas, je continue toujours à t'aimer et à penser à toi.*

→ *Tu pourras manger, dormir, jouer, dessiner, travailler. Tout se passera bien.*

Pour rappeler à l'enfant que nous le retrouverons, ajouter :

→ *Tu peux être tranquille. Je reviendrai te chercher.*

→ *Nous nous retrouverons tout à l'heure/à la sortie/à l'heure du goûter. Nous goûterons ensemble, nous irons au parc, etc.*

Stop à...

* Sprinter le matin !

Astuces

* Pourquoi ne pas se lever quinze minutes plus tôt afin de gagner en sérénité ?
* Laisser éventuellement à l'enfant un petit foulard imprégné de l'odeur de sa maman (différent du doudou).

Quand l'enfant ne veut pas rester avec sa nounou

Objectifs

1. Habituer l'enfant à accepter sereinement qu'une autre personne que sa maman s'occupe de lui.
2. En cas de difficulté, chercher à comprendre pourquoi il ne veut pas rester avec sa nounou afin d'y remédier.

Conseils pratiques

1. **Restons fermes s'il pleure alors que l'adaptation a été bien menée**. Les pleurs cesseront après le départ de la maman.
2. **Au retour, demandons si l'enfant a cessé de pleurer très rapidement**, s'il a bien dormi, mangé normalement, bien joué, de façon à discerner s'il y a besoin ou non de consulter.
3. **Si le refus de rester avec la nounou se manifeste au bout d'un certain temps ou soudainement, posons-nous alors la question de la cause** : la nounou ? un événement inhabituel ? une absence des parents le week-end précédent ? autre ? Ce n'est pas toujours le signe d'une angoisse de séparation.
4. Si l'on peut repérer la cause, **parlons-en à l'enfant**.

PETITES PHRASES À LEUR DIRE

Pour rassurer l'enfant tout en restant ferme :

→ *Je suis désolée/très triste que cela te fasse peur/ne te fasse pas plaisir... mais il n'y a pas moyen de faire autrement. Alors tu vas quand même rester avec ta nounou, qui s'occupera de toi.*

→ *Je continue à t'aimer même si je ne suis pas là. Je reviendrai et nous rentrerons à la maison.*

→ *Tu verras, il y aura aussi de bonnes choses qui se passeront : tu joueras avec d'autres enfants, etc.*

Quand l'enfant change de nounou ou la quitte

Objectifs

1. Éviter une angoisse de séparation possible par rapport à la nounou à laquelle l'enfant est normalement attaché.
2. Aider l'enfant à bien vivre ce changement, qu'il soit provisoire (vacances) ou définitif (déménagement).

Conseils pratiques

Si l'enfant est attaché à sa nounou (ce qui est souhaitable !) :

1. **Préparons-le à la séparation** (vacances, maladie ou séparation définitive) **en lui annonçant ce qui va se passer.**
2. **« Soignons » les adieux** et faisons comprendre à l'enfant que c'est un au revoir définitif (si c'est le cas), mais que le lien d'attachement existe encore : emporter une photo, un cadeau, un objet transitionnel qui va représenter la nounou.
3. **Parlons de la nounou** comme de quelqu'un qui existe toujours et qui aime encore l'enfant. Exemple : lui téléphoner de temps en temps, écrire une carte.

Si l'enfant n'est pas attaché à la nounou :

4. **Prévenons l'enfant** que nous allons changer de nounou et lui dire au revoir.

PETITES PHRASES À LEUR DIRE

Pour annoncer le changement par rapport à la nounou :

→ *Ta nounou s'est très bien occupée de toi. Tu l'aimes beaucoup. Elle t'aime aussi beaucoup mais ce n'est plus elle qui pourra s'occuper de toi maintenant (expliquer pourquoi).*

→ *Nous allons lui dire au revoir.*

→ *Je te rappelle que tu peux changer de nounou mais tu ne changeras jamais, jamais, de papa ou de maman !*

Stop à...

* Négliger ou nier l'attachement de l'enfant à la nounou.

Astuces

* Penser à prendre quelques photos de la nounou avec notre enfant (pour le jour où...).
* Rester éventuellement en contact avec elle.

Quand l'enfant change de crèche ou d'école

Objectifs

1. Aider l'enfant à accepter les changements.
2. Lui apprendre à s'y adapter le mieux possible.

Conseils pratiques

1. **Montrons bien à notre enfant les inconvénients et les avantages** de cette nouvelle crèche/école et ce qui va changer pour lui.
2. **Encourageons-le à affronter** cette possible difficulté.

PETITES PHRASES À LEUR DIRE

Pour préparer l'enfant au changement de crèche :

→ *Tu vas changer de crèche. Ce sera dans un autre lieu. Ce sera un peu différent. Tu ne verras plus les mêmes enfants. Il y en aura d'autres que tu ne connais pas encore. Ce sont des personnes que tu ne connais pas qui s'occuperont très bien de toi. Ce sera nouveau mais tout ira bien. Et je viendrai te chercher.*

→ *Les crèches peuvent changer, mais les mamans et les papas, ça ne change jamais !*

Pour préparer l'enfant au changement d'école :

→ *Cela sera peut-être un peu désagréable/difficile parce que tu vas changer d'école et que d'autres personnes s'occuperont de toi. Tu ne verras plus tes amis, mais tu en auras d'autres.*

→ *Au début, tu pourras peut-être te sentir un peu perdu(e) parce que tu ne connaîtras pas les lieux, mais tu t'habitueras et cela se passera bien.*

→ *Les écoles, les maîtresses peuvent changer, mais les mamans et les papas, ça ne change jamais !*

Stop à…

* Négliger ou ignorer cette possible difficulté pour l'enfant.

Astuces

* Lui faire dire « au revoir » à la crèche/école pour que l'enfant comprenne qu'il n'y reviendra plus.
* Organiser une fête d'adieux avec ses copains (pour les plus grands) pour clore dans la joie un épisode de sa vie.
* Une fois dans sa nouvelle école, inviter assez vite d'autres enfants à la maison pour l'aider à se faire des amis.

Quand l'enfant est confié chez lui à un baby-sitter

Objectifs

1. Permettre aux parents de sortir sereins !
2. Apprendre à l'enfant à accepter de courtes séparations en restant chez soi (cela fait partie de l'éducation).

Conseils pratiques

1. **Prévenons bien l'enfant en lui disant comment les choses vont se passer** : ce qui peut lui être agréable ou désagréable, ce qui peut être différent.
2. **Ne partons pas immédiatement** après l'arrivée du baby-sitter.
3. **Demandons au baby-sitter de prendre le temps de jouer** un moment avec les enfants.
4. **Partons quand l'enfant est encore éveillé, même s'il pleure en nous voyant partir.**

PETITES PHRASES À LEUR DIRE

Pour sécuriser l'enfant avant de partir :

→ *Nous allons partir. Nous continuons toujours à t'aimer. Ta baby-sitter reste avec toi. Elle te couchera après le jeu et restera ici pendant que tu dormiras, puis nous rentrerons. Comme d'habitude, nous passerons dans ta chambre sans te réveiller pour voir que tout va bien ! À demain matin !*

Stop à...

* La valse des baby-sitters que nous ne connaissons pas et dont nous n'avons aucune recommandation, même s'ils ont « une bonne tête » !

Astuces

* Essayer de garder au maximum les mêmes baby-sitters.
* Préparer l'enfant à la venue du baby-sitter en lui faisant choisir à l'avance une histoire, un jeu.

Quand l'enfant va chez ses grands-parents pour les vacances

Objectifs

1. Habituer progressivement l'enfant à des séparations en commençant par le confier au sein du milieu familial.
2. Créer davantage de liens avec la famille proche et découvrir des habitudes un peu différentes (d'autant plus que c'est un service très précieux pour les parents !).
3. Lui faire mieux connaître l'histoire de sa famille, de ceux qui l'ont précédé.

Conseils pratiques

1. **Procédons à un apprentissage progressif** en fonction de l'âge de l'enfant : la durée augmentera petit à petit si l'enfant s'habitue bien.
2. Il est nécessaire que l'enfant connaisse très bien ses grands-parents, que ceux-ci soient des personnes familières pour lui et qu'il soit déjà allé chez eux avec nous, ses parents.
3. **Pour les plus petits, passons quelques jours avec lui** chez ses grands-parents avant de partir.
4. **Annonçons à l'enfant ce futur séjour** quelques jours à l'avance seulement (la veille/quelques heures avant s'il est confié un week-end), **en décrivant ce qui l'attend**, ce qu'il fera, où il dormira, etc.
5. **Si nous téléphonons aux plus grands, pensons à les appeler avant 16 heures** (et pas tous les jours !) car les fins de journée sont souvent plus difficiles, plus nostalgiques pour l'enfant séparé de ses parents.

PETITES PHRASES À LEUR DIRE

Pour préparer et sécuriser l'enfant :

→ *Tu dormiras à... (tel endroit). Tu retrouveras tel jeu que tu connais, telle activité. Je continuerai à t'aimer. Je reviendrai te chercher. Tu feras des activités que tu ne fais pas ici qui sont des activités de grand(e), etc.*

Pour rassurer l'enfant par téléphone pendant le séjour :

→ *Je continue à t'aimer. Nous nous retrouverons dans X jours/X dodos et tu auras plein de choses à me raconter de ce que tu fais avec grand-père et grand-mère.*

Stop à...

* Partir sans prévenir l'enfant ni lui dire au revoir !
* Confier l'enfant à ses grands-parents comme un « petit paquet », en se disant qu'il sera bien de toute façon.
* Laisser les enfants trop longtemps. Quinze jours pour un petit de 2 ans sont une éternité !
* Faire exprès de ne pas parler des parents absents aux enfants, faire comme s'ils n'existaient plus.

Astuces

* Proposer aux grands-parents de raconter aux plus grands leurs souvenirs d'enfance. Cela les passionne et leur fait découvrir les richesses de leur histoire familiale. C'est important et structurant pour l'enfant.
* S'assurer que les grands-parents sauront rejoindre l'enfant – s'il est triste – et saurons le sécuriser.
* Écrire une carte, laisser une photo...

* Imaginer des idées pour aider l'enfant à prendre conscience de l'avancée du temps ; par exemple faire un tableau ou un graphique pour que l'enfant barre les jours au fur et à mesure de l'avancée du séjour, coller chaque jour un poisson dans une belle mer bleue, etc. Cela est parfois préférable à un coup de téléphone (attention à Skype pour les plus petits : cela ne leur convient pas toujours).

Quand un déménagement est prévu

Objectifs

1. Accompagner, rassurer, sécuriser l'enfant chamboulé parfois par ce changement.
2. Apprendre à l'enfant à s'adapter aux changements.

Conseils pratiques

1. **Préparons bien cette séparation** parce que la maison est un point de repère très important pour les enfants – y compris pour les bébés –, en **expliquant à l'avance** ce qui va se passer.
2. **Montrons les avantages, sans cacher certains inconvénients probables** : disons la vérité !
3. **Visitons à l'avance** avec l'enfant (si possible) son futur logement (montrons-lui sa chambre, voyons avec lui l'emplacement futur de son lit, etc.).
4. **Faisons-le participer** en préparant avec lui un carton avec ses jouets, ses affaires, pour qu'il comprenne et visualise bien qu'il abandonne les murs mais pas ce qu'il y a dedans. Les plus grands pourront aider leurs parents à remplir, fermer, répertorier... les cartons.
5. **Faisons-lui dire « au revoir » à la maison** pour qu'il réalise qu'il n'y reviendra plus et qu'il part dans une nouvelle maison.
6. **Au moment des déménagements, attention à ne pas le confier trop longtemps** à l'extérieur.
7. **Évitons de changer meubles et objets familiers de l'enfant** (son lit, etc.) au moment de l'emménagement. Sachons attendre encore un certain temps.

PETITES PHRASES À LEUR DIRE

Pour préparer et rassurer l'enfant :

→ *Nous allons changer de maison/les maisons ça peut changer. Mais tu ne changeras jamais, jamais, de papa ni de maman !*

→ *Dans la nouvelle maison il y aura ton lit, ton armoire, tes jouets... nous emmenons TOUT !*

Stop à...

* Parler du déménagement à proximité des petites oreilles avant qu'elles ne soient au courant. Sentir ce qui n'a pas encore été dit est angoissant.

Astuces

* Si l'enfant ne peut pas visiter sa future maison avant d'emménager, lui montrer des photos.
* Installer en priorité la chambre de l'enfant et lui faire valider que toutes ses affaires sont bien là, avec lui, dans sa nouvelle maison. Par exemple : « Tu vois ? Est-ce que tes Lego sont bien là, avec toi, dans ta nouvelle maison ? »
* Préparer un repas de fête avec les enfants rapidement après l'installation pour fêter l'événement.

Quand les liens familiaux sont perturbés par la maladie de l'enfant

La maladie est le signe d'un équilibre rompu, à l'intérieur de nous-mêmes, ou par rapport à l'entourage, au niveau physique et/ou psychique. Il arrive qu'une séparation mal vécue provoque un déséquilibre ; cela peut alors se manifester par la maladie qu'il faudra soigner médicalement, bien sûr (à compléter par une thérapie si l'on veut éviter la récidive). Nous sommes alors confrontés, bien souvent à la souffrance, qui est un scandale. La guérison est le retour à l'équilibre aux niveaux physiologique et/ou psychologique.

Objectifs

1. Accompagner l'enfant malade pour l'aider à retrouver l'équilibre perdu : la santé.
2. Entourer l'enfant qui souffre physiquement et/ou psychiquement.

Conseils pratiques

1. **Parlons à l'enfant succinctement et en vérité** de sa maladie.
2. **Répondons-lui aussi franchement et sincèrement** s'il pose des questions.
   Si la mort est inéluctable, faisons-lui comprendre que nous l'accompagnerons jusqu'au seuil de la nouvelle vie (beaucoup de personnes disent à leur enfant que c'est une vie de bonheur parfait où ils se retrouveront plus tard). Le jeune enfant accueille facilement la vérité, si difficile à dire pour l'adulte.
3. Choisissons des **mots simples, concrets** (éventuellement ouverts sur l'espérance de la vie après la mort).
4. **Aidons l'enfant**, quel que soit son âge, à s'exprimer librement, **à mettre des mots sur ses émotions**, ses sentiments de tristesse, colère, révolte... Insistons bien sur le fait que sa souffrance n'est pas une punition.

5. **Rejoignons-le dans sa souffrance**, écoutons-le avec compassion et tout notre amour.
6. En cas de soins douloureux, **restons** autant que possible **tout près de lui**.

PETITES PHRASES À LEUR DIRE

Pour parler et rassurer l'enfant qui souffre :

→ *Ce n'est pas une punition ; tu n'as rien fait de mal ; ce n'est pas de ta faute si tu es malade.*

→ *Tu souffres, c'est désagréable, mais tu vas guérir, ça va passer. Tu pourras recommencer à jouer, etc.*

→ *Nous t'aimons et si le médecin est obligé de te faire mal, c'est pour que tu puisses aller bien, grandir et être heureux.*

→ *Ce ne sera pas à chaque fois que tu grandiras que tu seras obligé(e) de souffrir. Cela va bientôt aller mieux.*

Stop à...

* Répondre par des mensonges aux questions d'un enfant très malade en pensant lui éviter d'avoir peur. On peut – et on doit – dire la vérité avec douceur, tout en gardant espoir.

Quand les liens familiaux sont perturbés par la maladie d'un proche

Objectif

Accompagner l'enfant dont un proche est malade, plus ou moins gravement.

Conseils pratiques

1. **Expliquons** – même à un tout-petit – ce qui se passe. **Rassurons-le** : celui qui est hospitalisé guérira et rentrera à la maison dès qu'il ira mieux. (Si la mort paraît inéluctable, osons dire que nous espérons qu'il guérira mais que la guérison n'est pas certaine.)
2. **Maintenons un lien fort** maman-enfant quand celle-ci est auprès d'un malade hospitalisé : téléphone, carte, cadeau, etc.
3. **Pensons à déculpabiliser l'enfant** en lui répétant que cette maladie n'est pas du tout de sa faute (s'il s'agit d'un parent, d'un frère ou d'une sœur).
4. En l'absence d'un des parents, organisons la vie familiale en veillant à ce que ce soit au maximum **les mêmes personnes qui s'occupent des enfants**. Surtout aux moments clés du lever et du coucher.
5. Rappelons qu'il est indispensable de **prévenir les enfants**, même en pleine nuit, lorsque les parents partent pour une urgence.

PETITES PHRASES À LEUR DIRE

Pour parler et rassurer l'enfant dont un parent proche est malade :

→ *J'ai besoin d'être soigné(e) pour être en forme/de me reposer pour reprendre des forces.*

→ *Ce n'est pas mon amour qui est malade ! Je continue à t'aimer...*

→ *C'est un moment un peu difficile, mais la vie continue ! Et quand je rentrerai à la maison, nous pourrons recommencer à...*

Pour aider l'enfant à ne pas développer de sentiment de culpabilité :

→ *Ce n'est absolument pas de ta faute, ce n'est la faute de personne, c'est la faute des microbes !*

Stop à...

* Ne rien dire, mentir, masquer à l'enfant la vérité en pensant bien faire. On peut – et on doit – dire la vérité avec douceur, tout en gardant espoir.

Quand l'enfant est confronté à la mort d'un proche

La mort est une séparation, la dernière que nous vivrons, après bien d'autres... La mort d'un parent, d'un membre de la famille est, pour un enfant, une séparation incompréhensible, très choquante et très douloureuse. Cela risque alors d'entraver sa croissance. Le retentissement de cette perte est encore plus fort si l'enfant souffre déjà d'une angoisse de séparation. Un décès peut ouvrir une blessure latente qui ne s'était jamais vraiment manifestée jusque-là. On commencera par soigner la (les) séparation(s) mal vécue(s) pour mieux débuter le long chemin de deuil qui conduira de la révolte et du chagrin à l'acceptation de la perte.
Attention : les enfants sont souvent profondément perturbés par le décès de leurs grands-parents, voire de leurs arrière-grands-parents.

Objectif

Accompagner l'enfant dans les différentes étapes du deuil d'une personne proche, en nous adaptant à son rythme.

Conseils pratiques

1. **Rejoignons l'enfant dans sa souffrance.** Écoutons-le avec tout notre amour et sans jugement. Laissons l'enfant, quel que soit son âge, exprimer librement ses émotions et aidons-le à mettre des mots sur ses sentiments de tristesse, de colère, de révolte...

   Il est également important que les enfants soient associés très concrètement aux cérémonies, y compris à la mise en terre. Mais il y aura, bien sûr, des explications et des consolations à leur donner.
2. Plutôt qu'une visite au funérarium, si la famille peut entourer et veiller le défunt chez elle, proposons aux enfants, même aux tout-petits, d'**aller revoir une dernière fois** celui ou celle qui a quitté cette vie.

3. **Soyons attentifs** à l'apparition éventuelle de manifestations typiques d'une **angoisse de séparation** : sommeil, nourriture, école, comportement, etc. Le recours à une personne extérieure s'impose alors.
4. **Parlons du défunt**, qui fait toujours partie de la famille. Il reste présent d'une autre façon. Il nous aime toujours, veille sur nous, et nous pouvons continuer à l'aimer.
5. **Adoptons un bon équilibre** entre ne mettre aucune photo, ne jamais prononcer son nom, et mettre des photos dans toutes les pièces, en parler à tous moments.
6. S'il s'agit de la mort du petit dernier de la famille, faisons particulièrement attention aux jeunes enfants qui le précèdent, qui en ont peut-être été jaloux et qui croient souvent avoir une part de responsabilité dans cette mort. Ils se sentent donc, à tort, coupables. Cette fausse culpabilité est un vrai poison et nécessite l'intervention d'un thérapeute.
7. En cas de fausse couche ou de mort *in utero*, parlons-en aux enfants, donnons un nom à ce bébé qui a sa place dans la famille, et respectons ensemble un temps de deuil.

PETITES PHRASES À LEUR DIRE

Après la mort d'un être proche :

→ *Ta maman/ton papa ne vit plus. Tu ne peux plus la/le voir, l'entendre ou la/le toucher, en recevoir des câlins.*

→ *Ta maman/ton papa te manque beaucoup n'est-ce pas ? Je le comprends, tu as le droit d'être triste/en colère...*

→ *Tu sais, elle/il vit toujours, mais autrement. Tu peux lui parler dans ton cœur. En tout cas, elle/il continue à t'aimer. Tu la/le rerouveras.*

→ *Tu peux l'aimer puisqu'elle/il existe toujours, même si tu ne la/le vois pas.*

→ *Ta relation avec elle/lui continue, mais d'une autre façon.* >>>

>>>

En cas de fausse couche ou de mort *in utero*[1] :

→ *Ce petit bébé n'a pas pu continuer à vivre et à grandir dans notre vie. Ce n'est la faute de personne. Beaucoup de personnes pensent qu'il continuera à grandir dans une autre vie et nous le retrouverons plus tard.*

→ *Nous lui avons donné un prénom : il fait partie de notre famille.*

Stop à...

* Éviter de parler de la personne décédée, quel que soit l'âge de l'enfant.
* Faire des fausses couches un sujet tabou, quel que soit l'âge de l'enfant.
* Banaliser la mort en la laissant sous les yeux des enfants à la télévision.

Astuces

* Offrir des livres sur ce sujet.
* Faire participer l'enfant aux obsèques en apportant un dessin, une bougie, des fleurs, etc.

1. Pour aller plus loin, voir l'ouvrage d'Albane de Latrollière et Colette Vyvey, *Un petit bout de route pour un p'tit bout d'chou : comment parler en famille de la mort d'un bébé avant sa naissance*, EdB, 2018.

?
a
SOS
ri
o
SOS
t
n
SOS
h
SOS
zi
SOS
w
SOS
g
SOS
x
SOS
f a
SOS
n
SOS
eu
SOS
kq

3

Les mots secours

Pour apaiser les tensions au quotidien

Si l'enfant désire tout et veut tout

La frustration est un ressenti affectif fait de déception, de sentiment de manque, d'insatisfaction, voire d'injustice. Elle conduit souvent à la colère ou à une réaction de repli sur soi.

Attention à bien faire la différence entre « désirer » et « vouloir », deux verbes souvent employés l'un pour l'autre.

* Désirer, c'est avoir envie d'acquérir, de faire quelque chose qui nous semble agréable, intéressant, amusant, mais qui n'est pas indispensable comme l'est un besoin. Un désir peut ne pas être satisfait ; en revanche, un besoin doit être satisfait dans la mesure du possible. Par exemple : « Je désire tel jouet », « Je désire aller à la piscine », « J'ai besoin d'un cartable pour aller à l'école ».
* Vouloir (faire ou acquérir quelque chose) procède de deux démarches : discerner grâce à notre intelligence ce qui est bon, bien, vrai, puis *mettre en actes* de ce qui a été discerné comme tel, même si ce n'est pas ce que je désire. Cela m'oblige à réorienter les forces de mon désir vers ce que j'ai discerné comme bon…
* Les désirs sont des forces, très intenses par moments, que nous ne devons pas refouler mais réorienter vers des réalisations plus conformes à ce qui est bien. Par exemple, malgré mon désir intense d'aller jouer au foot, je peux **choisir** (je suis libre !) d'accepter de rester jouer à la maison parce que maman ou papa n'est pas disponible pour m'accompagner au stade. Autre exemple : avec mon désir de continuer mon jeu, je choisis de mettre le couvert, etc.

Objectifs

1. Faire expérimenter à l'enfant qu'il peut être heureux sans tout posséder ni tout faire.
2. Apprendre à l'enfant à vivre plus sereinement les prochaines frustrations, sans râler, sans que ce soit un drame !
3. Apaiser l'atmosphère familiale.

Conseils pratiques

1. **Rejoignons l'enfant avec compassion** dans ce qu'il est en train de vivre : frustration, sensation de manque, contrariété, ennui, déception, ce qui le fait souffrir.
2. **Rappelons cette règle de vie** : « Tu peux être heureux même si... » Et **répétons-la régulièrement**, jusqu'à ce que l'enfant soit capable de se la dire à lui-même.
3. Une fois le calme revenu – sans que son désir ait été satisfait –, **faisons-lui reconnaître et valider** qu'il peut continuer à être heureux même si... Savoir accepter avec le sourire une déception, une frustration est une clé du bonheur car la vie peut continuer.
4. Si les signes d'insatisfaction restent systématiques, **demandons de l'aide** auprès d'un thérapeute.

PETITES PHRASES À LEUR DIRE

Pour rejoindre l'enfant dans ce qu'il vit :

→ *Je comprends que tu aies très envie d'avoir telle ou telle chose/ce jeu qui te fait envie/dont tu rêves... Il est très beau..., c'est vrai !*

→ *Je comprends que tu n'aies pas envie de... me rendre ce service/prendre ta douche maintenant/te coucher maintenant...*

→ *Je comprends que tu n'aimes pas... faire tes devoirs/promener le chien...*

Pour lui rappeler cette règle de vie : « Tu peux être heureux même si... » :

→ *Je te rappelle que tu peux être heureux(se) même si tu n'as pas/ne fais pas ce que tu désires*[1] *!*

→ *Ce n'est pas la peine de râler, ça ne te fera pas obtenir ce que tu désires !*

>>>

1. Véronique Lemoine-Cordier, *Guide de survie à l'usage des parents. Les mots pour aider votre enfant à grandir heureux*, Quasar, 2013.

>>>

→ *C'est ton désir mais ce n'est pas un besoin. Je ne suis pas là pour répondre à tous tes désirs !*

Pour lui faire reconnaître et valider qu'il peut continuer à être heureux même si… :

→ *J'ai l'impression que tu es heureux(se) de jouer à… Ça va ? Tu t'amuses bien ? Et pourtant, tout à l'heure, tu n'as pas eu ce que tu désirais. Eh bien, tu vois, c'est ce que je te rappelais : tu peux être heureux(se) même si tu n'as pas tout ce que tu désires ! La vie continue !*

Stop à…

* L'emploi d'un mot pour un autre : « Je veux un bonbon ! » au lieu de « J'ai envie d'un bonbon ! »
* Céder à tout ce que l'enfant désire, craquer pour ne pas avoir à gérer des scènes de pleurs.
* Refuser de satisfaire son désir sans explication ni empathie.

Astuces

* Si nous devons aller faire des courses avec l'enfant, le prévenir et le préparer en lui expliquant à l'avance qu'il sera très certainement tenté par des jouets, des gâteaux… Et lui rappeler : « Tu peux être heureux même si… »
* Confier une « mission » à l'enfant (pousser le chariot dans le supermarché, se charger de la liste des courses, etc.) pour occuper son attention. Et penser à bien le remercier à la fin !

Si l'enfant veut tout savoir, tout comprendre

À ne pas confondre avec l'enfant qui veut tout prévoir dans les moindres détails pour être rassuré.

Objectif

Faire comprendre à l'enfant que cette soif de savoir est une belle qualité à cultiver et qu'il faut pourtant accepter de ne pas avoir toujours et tout de suite les réponses à ses questions.

Conseils pratiques

1. **Soyons attentifs aux questions** que l'enfant pose. Derrière certaines questions, il peut y avoir une interrogation, un questionnement plus profond qui appelle des réponses claires de notre part.
2. **Sachons prendre notre temps avant de répondre.** Toute question posée n'implique pas obligatoirement une réponse immédiate.
3. **Osons toujours répondre dans la vérité** aux questions existentielles de l'enfant, d'une façon adaptée à son âge.

PETITES PHRASES À LEUR DIRE

Pour encourager le questionnement, ne pas brider la curiosité :

→ *Je suis heureuse de ta question et j'y réponds avec plaisir...*

Pour prendre le temps de répondre :

→ *Je ne sais pas...*

→ *Ce n'est pas le moment de... Je dois réfléchir, je ne peux pas te répondre tout de suite.* >>>

>>>

→ *Je me réjouis de ton désir de tout comprendre/je comprends que tu aies très envie de savoir; pour que je puisse bien te répondre, je te demande d'attendre un peu.*

→ *Je comprends que tu puisses être frustré(e) que je ne te réponde pas tout de suite, mais la vie continue et je te répondrai plus tard !*

Stop à...

* Tout dire sur TOUT aux enfants. Ils n'ont pas à entendre certaines conversations d'adultes (commérages, faits d'actualité, enjeux de couple...).

Astuce

* Veiller à avoir des conversations que les enfants ont l'âge d'entendre quand nous sommes avec eux dans un groupe (par exemple à table avec des amis).

Si l'enfant boude

L'enfant qui boude met au point mort ses plaisirs. Il refuse d'être heureux et cherche à culpabiliser l'autre. C'est comme s'il disait : « Tu m'as refusé telle chose. C'est de ta faute si je boude. » Il peut même aller jusqu'à chercher à se rendre malheureux.

Objectif

Garder ce fil conducteur : « Je t'aime toujours, quoi que tu fasses. »

Conseils pratiques

1. **Faisons preuve de beaucoup de délicatesse et de patience** pour attendre que l'enfant sorte de cette attitude de victime et **acceptons intérieurement** qu'il vive provisoirement dans ce refus de bonheur.
2. **Rejoignons-le dans ses sentiments** de tristesse, de déception, de colère, de révolte...
3. **Essayons de l'aider à exprimer les raisons** de sa bouderie sans trop insister car cela l'inciterait à se fermer davantage. (Ne l'ignorons pas non plus !)
4. **Laissons-le revenir et restons calmes** s'il refuse, malgré les perches tendues.

PETITES PHRASES À LEUR DIRE

Pour rejoindre l'enfant dans ses sentiments :

→ *Tu as le droit de me dire que tu n'es pas content(e)/que tu es déçu(e)/triste...*

→ *Je te comprends. C'est ta manière de me dire que tu es déçu(e)/furieux (se)/en colère/révolté(e)...*

Pour l'aider à exprimer les raisons de sa bouderie :

→ *Est-ce que tu veux bien m'expliquer ?*

→ *Est-ce que je peux t'aider ?*

>>>

>>>

→ *Crois-tu, toi, que Spiderman boude quand il n'arrive pas à... ?*

Pour essayer de faire revenir l'enfant qui boude à la suite d'une décision que nous avons prise :

→ *Peut-être crois-tu que mon refus veut dire que je ne t'aime plus ? Pas du tout, je continue à t'aimer.*

→ *Je suis triste de te voir avec cette tête boudeuse mais je continue à t'aimer.*

→ *J'attends que tu acceptes de redevenir heureux(se) même si tu n'as pas eu ce que tu voulais/tu n'es pas d'accord...*

→ *Et si je me mettais moi aussi à bouder quand je ne suis pas content(e) ?*

Pour tenter de faire revenir l'enfant qui boude alors que nous passons à table, démarrons une activité, etc. :

→ *Si tu veux bien, nous serons contents de déjeuner avec toi/faire tel jeu...*

Stop à...

* Punir une bouderie.
* Se focaliser sur l'enfant qui boude au détriment des autres.
* Dire :
  - Lorsque tu ne bouderas plus... (très négatif !)
    → Dès que tu retrouveras ton joli sourire...
  - Tu es vraiment moche quand tu boudes !
    → Même quand tu boudes, je continue à t'aimer.

Astuces

* Avoir recours à l'humour !
* Proposer à tous les enfants de la famille une activité sympa qui pourrait faire revenir celui qui boude.

Si l'enfant pleure à la moindre contrariété

Des pleurs à la moindre contrariété sont souvent l'expression d'un malaise plus profond, peut-être inconscient, qui fait souffrir l'enfant. À moins que ce ne soit tout simplement le signe d'une grosse fatigue !

Objectifs

1. Chercher la cause profonde (s'il y en a une) pour y remédier.
2. Aider l'enfant à retrouver sa joie de vivre.

Conseils pratiques

1. **Compatissons avec tendresse** à sa tristesse.
2. **Décodons le sens de ses pleurs à répétition** en l'aidant à exprimer éventuellement la cause profonde : quel est le gros chagrin qui se cache derrière ?
3. **Accompagnons son chagrin, sans exagérer** non plus pour éviter que l'enfant ne s'y complaise. **Consolons-le dans la mesure du possible.**
4. **Bien souvent, un thérapeute** pourra mettre en lumière les raisons profondes (maladie d'un proche, naissance de l'enfant suivant, harcèlement, etc.).

PETITES PHRASES À LEUR DIRE

Pour compatir à la tristesse de l'enfant :

→ *Mon chéri/ma chérie, je suis triste quand tu pleures...*

Pour tenter de décoder le sens de ses pleurs :

→ *C'est une petite chose qui te fait pleurer là, maintenant. Peut-être y en a-t-il une autre plus importante qui te fait peur/qui te rend triste/que tu ne nous as pas dite/que tu as peur de nous dire ?*

→ *Je te sens souvent triste. N'y a-t-il pas un autre chagrin, une autre peur, une injustice dont tu ne nous as pas encore parlé ?*

Stop à...

* S'écrier : « Tu me casses les oreilles ! »
* Être indifférent en se disant que ses pleurs finiront par passer un jour.

Astuce

* Laisser à l'enfant le temps de s'exprimer sans l'assaillir de questions.

Si l'enfant, furieux, fait une grosse colère

La colère est une réaction plus ou moins violente d'agressivité contre les autres, les choses ou soi-même. Elle manifeste une forte irritation, un gros mécontentement.

Objectifs

1. Faire comprendre et appliquer les règles de vie à la maison et les règles de vie en société.
2. Chercher à se calmer des deux côtés. Apprendre à régler un problème calmement.

Conseils pratiques

Pour les moins de 4-5 ans :

1. **Serrons physiquement** l'enfant très fort dans nos bras (quand c'est possible !) pour qu'il se sente contenu. Aidons-le à contenir sa colère.

À partir de 4-5 ans :

2. **Disons haut et fort « stop ! »** aux premiers signes de colère.
3. **Emmenons-le de manière aimante et douce dans une autre pièce** où il pourra exprimer sa colère sans gêner les autres. L'isolement n'est pas une punition mais un moyen qui peut aider l'enfant à retrouver son calme, à se ressaisir sans se sentir humilié. Il est en effet important que l'enfant intègre comme une habitude qu'on ne peut pas régler un problème sous le coup de la colère.
4. **Rappelons-lui que nous l'aimons toujours,** même quand il est en colère. L'amour inconditionnel est essentiel pour apprendre à l'enfant à contrôler sa colère.

PETITES PHRASES À LEUR DIRE

Pour permettre le retour au calme :

→ *Tu as le droit de te sentir très en colère mais tu n'as pas le droit de faire une colère.*

→ *Je continue à t'aimer mais, si tu veux faire une colère, tu vas dans ta chambre pour ne pas déranger les autres.*

→ *Ce n'est pas une punition mais tu ne peux pas déranger la vie de tout le monde comme ça.*

→ *Tu as besoin de faire sortir ta colère. Tu peux la faire sortir contre ton punching-ball/ton oreiller/ton ours en peluche, etc.*

→ *Je veux bien t'écouter mais je ne peux pas entendre quand tu cries comme ça.*

→ *Tu cries. Il y a un problème ; je ne peux pas t'aider à le résoudre dans les cris. J'attends que tu retrouves ton calme.*

→ *Reprenons notre calme tous les deux, nous en reparlerons tout à l'heure.*

Stop à...

* Hurler plus fort que l'enfant. Mieux vaut lui transmettre notre calme !
* Donner une fessée, une claque, une douche froide, etc.

Astuces

* Proposer à l'enfant une activité physique intensive pour se défouler, décharger sa colère sans faire de mal et sans se faire mal : partir pour un tour de vélo à toute vitesse, monter/descendre les escaliers plusieurs fois, boxer son oreiller ou « un coussin à colère » (ce sera un coussin uniquement réservé à l'expression de la colère. Personne ne s'assied dessus ni ne l'utilise pour s'étendre. C'est le coussin sur lequel on tape, que l'on invective, qu'on lance contre les murs[1]).

1. Isabelle Filliozat, *Au cœur des émotions de l'enfant*, Poche Marabout, 2013.

* Proposer à l'enfant d'aller aux toilettes/à la cave/dans le jardin pour crier, hurler, lâcher le trop-plein de colère.
* Proposer à l'enfant de faire un dessin de sa colère sur un grand tableau/papier : il aura besoin de faire de grands gestes pour exprimer sa colère !

Et après cette grosse colère ?

Objectifs

1. Apprendre à l'enfant à mieux contrôler ses émotions.
2. Faire comprendre que tout n'est pas possible dans la vie. Aider l'enfant à accepter les limites.
3. Améliorer l'écoute réciproque parent-enfant.

Conseils pratiques

1. **Une fois le calme revenu, écoutons** ce que l'enfant a à nous dire.
2. **Rejoignons-le avec compassion** dans son ressenti (colère, souffrance, déception, peur injustice, écœurement, révolte...). Aidons-le à nommer ce qu'il ressent et **rappelons-lui que nous l'aimons toujours**, malgré sa grosse colère. Être compréhensif et aimant permet à l'enfant de trouver les mots pour exprimer sa colère au lieu de se rouler par terre.
3. **Demandons-lui ensuite de nous écouter** à son tour et de bien vouloir comprendre ce que nous lui disons/demandons... Cela l'amènera à prendre du recul et à analyser ce qui s'est passé.
4. **Réfléchissons ensemble** à une solution juste.
5. **Demandons-lui un moyen de réparer** les dégâts/inconvénients liés à sa colère.
6. **Restons fermes** s'il n'y a pas de négociation possible.

PETITES PHRASES À LEUR DIRE

Pour permettre à l'enfant de s'exprimer :

→ *Je t'écoute. Maintenant explique-moi ce qui s'est passé pour toi.*

→ *Veux-tu bien m'expliquer calmement ce qui t'a mis en colère ?*

Pour rejoindre l'enfant dans son ressenti et lui rappeler notre amour inconditionnel :

→ *Je comprends que tu te sentes très en colère pour telle et telle raison.*

→ *Je vois bien que tu es triste/déçu(e)/furieux(se)...*

→ *C'est difficile/dur d'accepter/de comprendre/de faire...*

→ *Je te rappelle que je t'aime toujours, même quand tu viens de faire une colère.*

Pour lui demander de nous écouter :

→ *Est-ce que tu veux bien que je t'explique pourquoi ?*

→ *Est-ce que tu veux bien m'entendre/comprendre ?*

Pour demander à l'enfant de réparer :

→ *Comment pourrais-tu réparer le désagrément que ta colère nous a fait subir ?*

→ *Penses-tu que cela pourrait te convenir que... ?*

Stop à...

* Notre propre colère !

Astuces

* Se rappeler que les enfants ont le plus besoin d'amour et d'attention lorsqu'ils semblent en mériter le moins.
* Chercher si cette colère n'a pas été provoquée par un manque ou un besoin non satisfait : manque d'attention ? manque d'affection ?
* Si nous avons cédé nous-mêmes à la colère, demander pardon en premier, pour montrer l'exemple à notre enfant et l'inciter à faire de même : « Pardonne-moi si je t'ai fait de la peine tout à l'heure... »
* Valoriser chaleureusement ses demandes de pardon dès qu'elles viennent (cela l'encourage à recommencer !).

Si l'enfant n'obéit pas rapidement

Rappelons-nous que toute règle en vigueur dans la famille doit être énoncée clairement, expliquée à l'avance et une fois pour toutes (ne nous épuisons pas à les répéter tout le temps).

Objectifs

1. Éviter de répéter trois fois, dix fois la même demande ! Dire les choses une fois, pas deux !
2. Augmenter nos chances d'être obéis.
3. Apprendre à l'enfant à faire des choix.
4. Donner à l'enfant le sens des conséquences et le responsabiliser lorsqu'il est devant un choix.

Conseils pratiques

1. **Prenons en considération la difficulté, l'ennui**, la frustration que cela représente pour l'enfant.
2. **Présentons notre demande comme une demande et pas comme un ordre** (sauf en cas de règle non négociable comme s'attacher dans une voiture, donner la main pour traverser…) en **présentant avant tout l'objectif de l'action demandée** (pour que…).

   Nous mettons l'enfant face à un **choix** – accepter ou refuser ce que nous lui demandons – et l'encourageons ainsi à prendre ses responsabilités.
3. Si l'enfant accepte, **remercions-le et félicitons-le**. S'il refuse, **laissons-lui vivre les conséquences de son (mauvais) choix** en restant zen !

PETITES PHRASES À LEUR DIRE

Pour inciter l'enfant à nous écouter :

→ *Prépare-toi à finir ton jeu parce que, dans cinq minutes, je te demanderai de... Et je ne te le répéterai pas une deuxième fois.*

Pour prendre en considération l'ennui, la frustration de l'enfant :

→ *J'imagine que tu préférerais continuer à... plutôt que de...*

→ *Je sais que c'est moins agréable de...*

Pour présenter notre demande comme une demande et pas comme un ordre :

→ *Pour avoir le temps de jouer après le dîner/pour être à l'heure... est-ce que tu veux bien... ?*

→ *Pour que... est-ce que tu veux bien... ?*

Pour le féliciter d'avoir pris la bonne décision :

→ *Je te félicite et te remercie beaucoup d'accepter de faire ... Cela me fait vraiment plaisir.*

Pour expliquer à l'enfant qu'il va vivre les conséquences de son (mauvais) choix :

→ *Tu as préféré continuer à faire... plutôt que de répondre à ma demande. Tu as choisi de te comporter comme un bébé/un petit qui ne fait que son plaisir*[1].

→ *Je vais être obligé(e) de me comporter avec toi comme avec un bébé/un petit. Et ce soir tu ne pourras pas regarder de DVD avec les autres... car les bébés/les petits ne regardent pas de DVD.*

→ *Chaque fois que tu réagiras comme un bébé/un petit, je te traiterai comme un bébé/un petit.*

→ *Ce n'est pas une punition, c'est la conséquence de ton choix : tu as choisi de te faire plaisir comme un petit.*

1. Véronique Lemoine-Cordier, *op. cit.*

Stop à...

- Répéter nos demandes !
- Lancer des menaces : « Je te préviens : si tu n'obéis pas, je te prive de dessert ! »
- Lancer des injonctions : « Fais ci, fais ça... »
  → « Je te demande de... »

Astuces

- Savoir faire preuve de souplesse dans les règles familiales en cas de circonstances particulières.
- Afin qu'il soit disposé à nous écouter, prévenir l'enfant cinq minutes avant, notamment quand il est occupé à une activité qu'il aime.
- Comprendre la différence entre une sanction et une punition :
  - > La sanction est la *conséquence logique* du choix de l'acte posé par l'enfant. Il ne peut s'en prendre qu'à lui-même, pas à ses parents. C'est lui qui se punit en quelque sorte. Par exemple, s'il a choisi de continuer à jouer au lieu de prendre son bain, la sanction sera la conséquence de son choix : il n'aura plus le temps de jouer après le dîner.
  - > La punition est une peine n'ayant *pas forcément de rapport avec ce qui a été mal fait ou pas fait*. Souvent les punitions sont prises comme une vengeance des parents qui n'ont pas été écoutés. Par exemple, une privation de dessert.
- Nous pouvons parfois donner des punitions dans certaines circonstances : pour que l'enfant prenne davantage conscience que son acte est mauvais ou pour mettre un frein à de mauvaises habitudes.

Si l'enfant réplique : « Je ne veux pas ! Je n'ai pas envie ! »

Objectifs

1. Apprendre à l'enfant à accepter de faire ce que nous lui demandons, même si c'est désagréable et qu'il n'en a pas envie.
2. Lui donner l'habitude de rendre des services.

Conseils pratiques

1. **Calmons la situation si besoin et reconnaissons sincèrement l'ennui**/la colère/la déception/l'envie de l'enfant de faire autre chose. Si c'est un petit enfant, aidons-le à se calmer en lui demandant d'exprimer ce qui se passe. Plus l'enfant est petit, moins il est capable de contrôler ses émotions. Surtout pas de couvercle sur son ressenti !
2. **Puis montrons-lui qu'il a le choix entre accepter ou refuser** ce que nous lui demandons.
3. **Enfin, félicitons-le s'il accepte de faire le bon choix** ou **faisons-lui vivre les conséquences** de son (mauvais) choix s'il refuse.

PETITES PHRASES À LEUR DIRE

Pour calmer la situation avec un grand :

→ *Je te demande de te calmer maintenant !*

Pour aider un petit enfant à verbaliser ses émotions :

→ *Que se passe-t-il ? Peux-tu m'expliquer ?*
→ *Cela n'a pas l'air de te faire plaisir de...*
→ *J'ai l'impression que tu n'as pas envie de... Est-ce bien cela ?*

>>>

>>>

Pour reconnaître le ressenti de l'enfant :

→ *Je comprends que tu n'aies pas envie de… /que tu sois en colère/déçu(e)/contrarié(e)… /que cela te fâche de…*

Pour présenter notre demande comme une demande et non comme un ordre :

→ *Est-ce que tu veux bien m'entendre/comprendre pourquoi je te demande cela ?*

→ *Est-ce que tu veux bien… ? Accepterais-tu de… ?*

Pour le féliciter d'avoir pris la bonne décision :

→ *Je te remercie beaucoup d'accepter de faire… sans râler. Cela me fait vraiment plaisir.*

Pour expliquer à l'enfant qu'il va vivre les conséquences de son (mauvais) choix[1] :

→ *Tu as préféré continuer à faire… chose plutôt que de répondre à ma demande.*

→ *Tu as choisi de te comporter comme un petit qui ne suit que son plaisir. Je vais être obligé(e) de me comporter avec toi comme avec un petit. Et ce soir tu ne pourras pas… car les petits ne font pas cela.*

→ *Ce n'est pas une punition, c'est la conséquence de ton choix : tu as choisi de suivre ton plaisir comme un petit.*

Stop à…

* Dire « Prends sur toi ! »

  → « Je comprends que tu n'aies pas envie de… »

1. Véronique Lemoine-Cordier, *op. cit.*

Si l'enfant a fait une (grosse) bêtise

Une bêtise est une action dont le résultat est regrettable. Elle témoigne souvent d'un manque de réflexion au préalable, et surtout d'un manque de prévision des conséquences.

Objectifs

1. Faire prendre conscience à l'enfant de ce qui est bien et de ce qui est mal.
2. L'amener à ne pas recommencer la même bêtise.

Conseils pratiques

1. **Demandons si besoin un retour au calme avant d'analyser la situation** avec l'enfant :
   > S'il n'y avait pas de mauvaise intention derrière la bêtise, rassurons-le et consolons-le. Voyons aussi avec lui comment l'éviter la prochaine fois.
   > S'il y avait une mauvaise intention (faite exprès, ou par colère) : dialogue et punition.
2. **Amenons l'enfant à une réparation,** si c'est possible, surtout s'il y a eu une mauvaise intention, **tout en confirmant que sa bêtise ne diminue pas notre amour**. La réparation peut faire appel au cœur de l'enfant (exemple : rendre un service) ou elle peut rétablir la justice (exemple : rembourser le paquet de gâteaux volé).

PETITES PHRASES À LEUR DIRE

Pour rappeler notre amour inconditionnel :

→ *Je sais que tu es capable de faire mieux que ce que tu viens de faire. Je t'aime toujours, l'amour ça ne peut pas tomber en panne.*

→ *Je continue toujours à t'aimer, même quand tu fais une bêtise, mais je n'aime pas du tout ce que tu viens de faire/dire.* >>>

>>>

→ *Même quand je te gronde, je continue à t'aimer. Et si je te gronde, ce n'est pas seulement parce que je suis fâché(e) mais pour que tu comprennes que ce que tu viens de faire/dire est mal.*

Pour amener l'enfant à réparer :

→ *Je t'aime toujours. Je te demande de réparer. Comment vas-tu t'y prendre ?*

En cas de petit manquement, demander seulement une réparation immédiate et/ou des excuses :

→ *Je te demande de fermer doucement la porte. Montre-moi que tu en es capable et referme-la doucement.*

Stop à...

* Crier : « Tu es complètement fou/folle ! Ça ne va pas ou quoi ? »
* Taper son enfant. Donnerions-nous une fessée ou un coup à un ami s'il cassait un verre ou renversait un plat par terre ?

Astuce

* Chercher si cette bêtise n'a pas été provoquée par un manque ou un besoin non satisfait : manque d'attention ? manque d'affection ?, etc.

Si l'enfant a menti ou ne se dénonce pas

Mentir, c'est déformer volontairement le réel avec l'intention de tromper. Attention ! Le petit enfant peut confondre son imaginaire et la réalité. Il peut nous dire des choses manifestement fausses, sans avoir l'intention de tromper. Apprenons-lui à avoir un meilleur sens du réel.

Objectifs

1. Sauvegarder la relation de confiance (si précieuse) parent-enfant.
2. Aider l'enfant à toujours dire la vérité.

Conseils pratiques

1. **Encourageons l'enfant à dire la vérité**, tout de suite ou plus tard dans la journée, seul à seul.
2. **Autorisons-nous à montrer notre déception, notre mécontentement** devant un mensonge ou le silence quand nous cherchons le coupable, tout en **rappelant la permanence** de notre amour pour celui qui a menti ou ne se dénonce pas.
3. Selon l'âge, demandons-lui de **restaurer la relation de confiance** que son mensonge a abîmée et **prévenons-le que nous vérifierons** s'il dit la vérité pendant un certain temps.
4. **Félicitons l'enfant qui a eu le courage d'avouer**. Nous pouvons alléger (voire supprimer) la **punition méritée par sa bêtise**.

PETITES PHRASES À LEUR DIRE

Pour encourager l'enfant à dire la vérité :

→ *Je comprends que celui qui a volé cette tablette de chocolat n'ait pas envie de le dire, mais s'il ne dit rien nous ne pourrons plus avoir confiance les uns dans les autres et j'en serai très triste.*

→ *Comme c'est difficile d'avouer quand on a fait quelque chose de mal, je laisse jusqu'à... (telle heure) à celui qui a pris la tablette pour venir me le dire tranquillement. Nous en reparlerons ensemble et pourrons continuer à nous faire confiance.*

Pour féliciter l'enfant qui a le courage d'avouer son mensonge après une bêtise :

→ *Je te félicite d'avoir eu le courage de me dire la vérité, ce qui est difficile et très bien. Parce que c'est très important de dire la vérité, cela me donne envie d'adoucir (voire de supprimer) la punition que mérite ta bêtise.*

Dans le cas d'un mensonge non avoué mais découvert :

→ *Tu as menti. Cela me fait beaucoup de peine. Ma confiance en toi est abîmée.*

→ *Je continue toujours à t'aimer toi, même si je suis fâché(e). C'est ton mensonge que je n'aime pas.*

Pour demander à l'enfant de restaurer la relation de confiance abîmée suite à un mensonge :

→ *Maintenant, c'est à toi de regagner ma confiance, mais cela va dépendre de toi.*

→ *Que vas-tu faire pour regagner ma confiance ?*

→ *Je vérifie ce que tu fais/dis. À chaque fois que je vois que tu as bien fait ce que tu dis, cela répare le lien de confiance entre nous.*

Stop à...

* Punir un enfant trop petit.
* Mentir aux enfants, déformer la réalité...
* Raconter nous-mêmes des mensonges devant les enfants (inventer de fausses excuses, etc.).

Astuces

* Éviter de reprendre l'enfant devant les autres, pour lui épargner le sentiment douloureux de la honte.
* Se demander quel manque l'enfant a cherché à combler par son mensonge : manque d'attention, manque d'affection, etc. ?
* Présenter le mensonge comme une maison qui se transforme en prison.

Si l'enfant est jaloux de son frère ou de sa sœur

La jalousie peut amener à agresser l'autre ou soi-même, voire les deux. C'est un sentiment douloureux que nous éprouvons quand nous nous croyons moins aimés, moins remarqués, moins doués, moins « riches » de ceci ou de cela, ou moins gâtés que les autres. La jalousie peut pousser à la moquerie, au mensonge, à la calomnie, au vol, à l'agression : tout ce qui va nuire à l'autre et à son bonheur. L'enfant jaloux peut aussi se faire du mal à lui-même : repli sur soi, auto-exclusion.

Objectifs

1. Calmer autant que possible la souffrance de l'enfant jaloux.
2. Rétablir des relations moins conflictuelles au sein de la fratrie.
3. Faire évoluer ce sentiment de jalousie.

Conseils pratiques

1. Expliquons très clairement que les parents ont autant de cœurs remplis d'amour que d'enfants : chacun a son cœur à lui et il y a la même quantité d'amour dans chaque cœur.
2. Répétons à l'enfant que les signes d'amour sont différents car les enfants sont différents. Nous n'allons pas donner un biberon à un grand, aller au cinéma avec un petit, etc.
3. Soyons attentifs au tout-petit qui manifeste des signes de régression, ne le grondons pas et rassurons-le : notre amour ne diminue pas ; il reste toujours le même !

Pour expliquer que les parents aiment autant chaque enfant :

→ *Mon chéri/ma chérie, j'ai l'impression que tu souffres parce que tu vois ce qui est fait ou dit à ta sœur/ton frère et tu crois que, parce que je l'aime, toi je t'aime moins.*

→ *Mais j'ai une bonne nouvelle : j'aime chacun de vous complètement. J'aime ta sœur/ton frère et je t'aime toi aussi complètement. Quand je m'occupe d'elle/de lui, je continue en même temps à t'aimer, toi.*

→ *Les mamans/papas ont un cœur pour chaque enfant. Un cœur rempli d'amour. Les cœurs de la maman/du papa sont aussi gros les uns que les autres. Mais les moments ou les façons de manifester l'amour ne sont pas les mêmes.*

Pour expliquer à l'enfant que les signes d'amour s'ajustent à chacun :

→ *Tu veux tout pareil que ton petit frère de 1 an. Serais-tu content si je t'habillais avec sa grenouillère ?*

→ *Parce que je t'aime, je choisis ce qui est bien pour toi.*

Pour rassurer l'enfant qui montre des signes de régression :

→ *Je vois que tu fais comme si tu étais redevenu(e) un bébé ! Tu crois que j'aime plus les bébés que les grands ?*

→ *Ce que je fais en ce moment avec le bébé, je le faisais avec toi quand tu étais petit.*

→ *Maintenant je te donne d'autres signes d'amour qui sont plus intéressants pour ton âge (je fais du vélo avec toi, je regarde des DVD avec toi, j'invite des amis pour ton anniversaire, etc.). Je continue toujours à t'aimer mais les signes d'amour s'adaptent à ton âge !*

>>>

>>>

Pour rassurer l'enfant qui cherche à exciter la jalousie de son frère ou de sa sœur :

→ *Tu es désagréable avec ton frère/ta sœur parce que je vais faire une course avec lui/elle ? Mais pendant que nous ferons des courses, je continuerai à t'aimer toi.*

Stop à...

* Comparer les enfants entre eux, ce qui induit automatiquement l'idée de supériorité ou d'infériorité : « À ton âge, ta sœur savait déjà faire ses lacets ! », « Ton frère, lui, au moins il travaille ! ».
* Croire que certaines places dans la fratrie sont plus ou moins avantageuses que d'autres. Chacune a ses avantages et ses inconvénients !

Astuces

* Dessiner sur une feuille un grand cœur symbolisant l'amour des parents. Avec l'enfant, coller à l'intérieur de ce grand cœur autant de Post-it en forme de cœur qu'il y a d'enfants dans la famille. Écrire sur chacun de ces Post-it le prénom de chaque enfant, afin de montrer que le petit frère ou la grande sœur n'a pas pris le cœur d'amour de l'enfant. L'amour des parents ne se divise pas. Au contraire, il se multiplie. Accrocher ce dessin dans la chambre de l'enfant ou sur le réfrigérateur pour qu'il le voie régulièrement[1].

1. Pour aller plus loin, voir l'ouvrage de Véronique Lemoine-Cordier, *Guide de survie à l'usage des parents, op.cit*.

Si les enfants se disputent

Objectifs

1. Apprendre aux enfants à vivre ensemble.
2. Leur apprendre à se respecter mutuellement et à faire des concessions.

Conseils pratiques

En cas de petite dispute légère :

1. **Laissons-les se débrouiller** entre eux tant que cela ne gagne pas en intensité.
2. **Il sera éventuellement possible de revenir avec eux** sur ce qui s'est passé et d'en tirer les leçons.

En cas de grosse dispute :

3. **Sans prendre parti tout de suite** (même si le fautif est facilement identifiable)**, séparons** les combattants.
4. Une fois le calme revenu, **reparlons ensemble** de ce qui s'est passé pour **aider chacun à prendre conscience de sa part de responsabilité**.
5. **Proposons une réparation** ou **une demande de pardon** à celui ou à ceux qui sont fautifs (respectons leur liberté s'ils refusent) et **aidons-les à se réconcilier**.
6. **Maintenons les combattants chacun de leur côté** s'il n'y a pas de réconciliation.

PETITES PHRASES À LEUR DIRE

Pour encourager l'enfant à réfléchir à ses actes :

→ *Avec ta force, peux-tu décider de faire de meilleures choses ?*

→ *Si tu le décides, tu peux être le chef de tes forces et leur commander de faire de bonnes choses*[1] *!*

Pour aider chacun à prendre conscience de sa part de responsabilité et se réconcilier avec l'autre :

→ *Que se passe-t-il ? Je vois que vous n'étiez pas d'accord. Puis-je vous aider à vous mettre d'accord/à trouver une solution/à vous comprendre ?*

→ *Je vous propose de trouver une solution, sinon vous allez chacun de votre côté.*

Stop à...

* Une intervention systématique et rapide dans les conflits entre frères et sœurs.
* Devenir le gendarme ou le juge de paix de la famille !
* Donner au petit dernier tout ce qu'il réclame, même s'il crie à pleins poumons. Ce n'est pas juste pour ses frères et sœurs !

Astuces

* Entraîner les enfants dans une activité familiale très active où chacun pourra se dépenser au maximum (partie de foot, trampoline, etc.).

1. Pour aller plus loin, voir l'ouvrage de Marie-Odile Peaucelle, *Dès la maternelle comment vivre ma vie ?*, François-Xavier de Guibert, 2011.

Si l'enfant insulte ses parents ou leur fait mille et un reproches

Objectif

Inculquer des notions de respect de l'autre, quel qu'il soit.

Conseils pratiques

1. **Essayons de garder notre calme**.
2. **Refusons systématiquement et fermement** d'entendre les insultes/reproches et **coupons** tout de suite la relation en nous éloignant.
3. **Reprenons la relation** et **reparlons-en une fois que l'enfant se sera excusé** pour ses insultes ou ses reproches.

PETITES PHRASES À LEUR DIRE

Pour répondre à l'enfant qui insulte ses parents :

→ *Je ne suis pas d'accord, je n'accepte pas que tu me parles de cette manière.*

→ *Cherche une autre façon de me dire ce qui te fâche/ne va pas. Alors je pourrai peut-être t'aider.*

→ *Si tu as quelque chose à dire, tu le dis, mais autrement.*

Pour répondre à l'enfant qui fait beaucoup de reproches à ses parents :

→ *Ce que tu me reproches ne me semble pas juste, ni justifié/est inadmissible ! J'attends tes excuses et nous en reparlerons.*

Stop à...

* Parler à l'enfant, ou devant lui, avec des mots grossiers ; insulter des gens (en voiture par exemple).

Astuces

* S'investir tout de suite dans une autre occupation quand nous sommes sur le point d'exploser !
* Être exigeant quant à la qualité du langage des enfants, et cela au quotidien.

Si l'enfant a peur

La peur est une émotion que chacun de nous peut connaître lorsqu'un danger réel ou supposé, actuel ou futur, se présente. Logiquement, elle a pour but de nous avertir pour que nous nous protégions. Mais, à cause de notre imagination et de nos expériences passées, elle est souvent difficile à maîtriser. Nos réactions peuvent être violentes : paralysie ou actes désordonnés et incontrôlés.

Objectifs

1. Aider l'enfant à faire la part de l'imaginaire dans sa peur.
2. L'aider à surmonter sa peur et à réagir de façon plus adaptée : fuite ou « combat », ou retour au calme.
3. Le préparer à affronter plus tard d'autres peurs.

Conseils pratiques

Apprenons à l'enfant à voir la réalité telle qu'elle est pour qu'il ne soit plus sous l'emprise de son imagination :

1. En cas de danger réel (approcher un chien qui aboie...), **rassurons, sécurisons, protégeons** et aidons éventuellement celui qui a peur. Pour cela, **privilégions les sensations corporelles** avant les paroles : serrer l'enfant dans ses bras, mettre une main sur son épaule...
2. En prévision d'une situation potentiellement difficile (déménagement, changement d'école, etc.), **préparons l'enfant à l'aborder aussi objectivement que possible** : comment cela va se passer et comment il pourrait ressentir, vivre cet événement. Cette préparation à une difficulté possible le sécurisera et lui permettra de mieux réagir.
3. S'il s'agit d'une situation fortement redoutée par l'enfant (départ en colonie ou en classe verte...), **ayons recours à un thérapeute**.
4. **Cherchons à voir que parfois**, derrière une peur imaginaire, **une peur réelle se cache** (peur d'être abandonné, perdu, séparé...).

PETITES PHRASES À LEUR DIRE

Pour rassurer l'enfant en cas de danger réel :

→ *Je suis là, avec toi ; je te protège. Tu peux être tranquille, tout se passera bien.*

→ *Ce chien qui aboie comme un fou et qui saute derrière le haut grillage t'impressionne, mais il ne peut pas te toucher/te mordre ; il ne peut rien contre toi, rien du tout ! Rassure-toi ! Sois tranquille !*

→ *Écoute ses aboiements de fou, regarde sa colère derrière le grillage ! Tu peux même en rire et te moquer de lui !*

Pour rassurer l'enfant en cas de situation potentiellement difficile :

→ *Voilà ce qui va se passer... Ce sera peut-être un peu difficile, tu auras peut-être un peu peur et pas envie de changer, mais tu vas y arriver ! Je te fais confiance et je suis là.*

Pour rassurer l'enfant dont l'imagination s'emballe :

→ *Tu me dis que tu as peur des fantômes, mais tu n'en as jamais vu et moi non plus. Fais-moi confiance : cela n'existe pas ! Tu peux donc être tranquille !*

→ *Si tu as peur de quelque chose qui n'existe pas, cela signifierait-il que tu as peur de quelque chose d'autre ?*

Stop à...

* Croire que la peur de l'enfant va passer toute seule.
* Dire : « Tu n'es pas courageux ! Tu es ridicule ! Il n'y a pas de quoi avoir peur ! »
* Laisser l'enfant voir des films violents ou inadaptés à son âge, y compris certains dessins animés.

* S'amuser à faire peur à un enfant au prétexte de l'habituer à être courageux.
* Prendre l'enfant dans le lit parental.

Astuce

* Attention ! La peur du loup, des voleurs – particulièrement au moment du coucher –, ou toute autre peur récurrente peuvent être le signe d'une angoisse qui nécessite d'aller consulter un thérapeute.

Si l'enfant est mauvais perdant

Objectifs

1. Habituer l'enfant à s'amuser paisiblement avec les autres et à accepter les règles.
2. Accepter de ne pas pouvoir tout maîtriser (jeux de hasard).
3. Faire comprendre que les échecs peuvent aider à progresser.

Conseils pratiques

En cas de dispute :

1. **Évoquons le risque** de mettre fin au jeu.
2. **Rejoignons avec tendresse** l'enfant qui souffre.
3. **Consolons l'enfant** mauvais perdant.

PETITES PHRASES À LEUR DIRE

Pour consoler l'enfant qui souffre :

→ *Je te comprends mon chéri/ma chérie. C'est dur de perdre... Je comprends que tu sois déçu(e).*
→ *Tu es autant digne d'être aimé(e) si tu perds !*
→ *Nous jouons pour nous amuser, nous détendre, passer un bon moment ensemble/pour apprendre quelque chose... pas pour gagner !*
→ *Que tu gagnes ou que tu perdes, je t'aime toujours autant.*
→ *Même si tu as perdu, tu as appris quelque chose : « Je ne perds jamais. Soit je gagne, soit j'apprends. » (Nelson Mandela)*

Stop à...

* Faire toujours exprès de perdre, de peur que l'enfant ne s'énerve.
* Traiter l'enfant de mauvais joueur et se moquer de lui.

Si notre patience a atteint ses limites !

Objectifs

1. Essayer de ne pas démarrer au quart de tour.
2. Nous responsabiliser : c'est nous qui perdons patience !

Conseils pratiques

1. **Faisons prendre conscience à l'enfant qu'il y a des limites** qu'il n'a pas respectées et qui doivent l'être, **en exprimant nos sentiments** et notre refus de traiter le problème à chaud.
2. **Écoutons ce qu'il a à nous dire lorsque le calme est revenu** de part et d'autre.
3. **Restons fermes et rappelons** l'importance du respect des limites.

PETITES PHRASES À LEUR DIRE

Pour exprimer nos sentiments :

→ *Devant ce que tu fais/dis, JE suis en train de perdre patience.*
→ *Cela me fait beaucoup de peine/m'énerve énormément. Ce que je peux supporter a des limites.*
→ *Là, j'ai vraiment besoin de reprendre mon calme, et toi aussi d'ailleurs, avant qu'on en reparle ensemble.*
→ *Là, tout de suite, je ne peux pas/je ne suis pas disponible, nous en reparlerons tout à l'heure.*

Pour écouter l'enfant, une fois le calme revenu :

→ *Voyons ensemble ce qui t'a poussé(e) à faire ou à dire cela... et comment éviter de recommencer.*

Stop à...

* Hurler : « Mais ce n'est pas possible ! Pourquoi as-tu fait ça ? »
* Réagir à chaud[1].

Astuce

* Faire un petit tour aux toilettes pour nous isoler, même si nous n'avons pas envie d'y aller !

1. Pour aller plus loin, voir l'ouvrage de Christine Lewicki et Florence Leroy, *J'arrête de râler sur mes enfants (et mon conjoint). 21 jours pour changer*, Eyrolles, 2013.

4

Les mots moteurs

Pour éduquer au quotidien

Expliquons à l'enfant le sens des « mots magiques »

La politesse met de l'huile dans les rouages de la communication et permet le respect dû à chacun. Les « mots magiques » sont le b.a.-ba de cette éducation indispensable qui doit partir du cœur et ne pas simplement être un vernis extérieur.

Objectifs

1. Éduquer au respect des autres.
2. Entrer d'une façon plus personnelle et plus juste en relation avec l'autre.
3. Développer l'attention aux autres.

Conseils pratiques

1. **Expliquons à l'enfant et rappelons-lui de temps en temps ce qui fait la valeur** de ces mots : ils correspondent à une véritable **attitude intérieure d'ouverture à l'autre** et sont bien plus qu'un code social !
2. **Apprenons à l'enfant les gestes et attitudes dits « de politesse »** qui sont aussi des signes d'ouverture du cœur. Au-delà des mots qui sont très importants, ce sont des règles de savoir-vivre.

   Par exemple, habituons-le à se lever pour **céder son siège** à une personne âgée qui monte dans le bus, à se **lever pour saluer** la personne qui arrive chez nous, à s'effacer pour laisser passer quelqu'un, à laisser les adultes **finir leur phrase** au lieu de leur couper la parole, à **remercier famille et amis** pour les cadeaux reçus, etc. Encourageons-le aussi à prendre l'initiative de **petits services**, par exemple vider le coffre de la voiture, aider à porter un sac lourd, etc.

PETITES PHRASES À LEUR DIRE

Pour expliquer le sens et la valeur de ces mots :

→ *BONJOUR : dire bonjour est un début de mise en relation. Nous saluons pour commencer une journée ou lors d'une rencontre avec l'autre. Nous reconnaissons son existence et son identité quand nous disons son prénom… Avec un sourire et en le regardant, c'est encore mieux !*

→ *MERCI : remercier, c'est reconnaître qu'un don nous a été fait, éventuellement un dû. C'est manifester notre satisfaction d'avoir reçu ce qui nous manquait : nous ne sommes pas tout-puissants. Nous avons besoin les uns des autres.*

→ *S'IL TE PLAÎT : c'est demander et ne pas exiger ! Nous laissons l'autre libre de sa réponse à notre demande, celle-ci signifiant notre incapacité à combler par nous-mêmes tous nos désirs.*

→ *PARDON, EXCUSE-MOI : c'est reconnaître son erreur, sa maladresse, son oubli, ainsi que le préjudice que nous avons causé et auquel nous remédierons si cela est possible.*

→ *AU REVOIR : signe de la pause dans la communication.*

Stop à…

* Lancer un « Bonjour ! » à la cantonade.
* Oublier de remercier, d'honorer les personnes qui font des choses que nous n'aimerions pas faire à leur place (vider les poubelles, entretenir les espaces publics, etc.).

Astuces

* Dès le plus jeune âge, apprendre à l'enfant à remercier avec un petit signe de la main avant de le faire oralement.
* Les enfants agissent en observant les adultes. Soyons attentifs à notre ton, à notre manière de parler et de remercier.
* Expliquer le sens de telle ou telle règle de politesse pour que l'enfant la comprenne et l'applique plus facilement.

* Oser être ferme, par exemple : « Tu reposes ce gâteau et tu attends tout le monde pour te servir. »
* Avoir recours à un humour léger : « Ah, c'est drôle, je me demande si je ne suis pas transparent aujourd'hui... Personne ne me dit bonjour et pourtant je me vois ! », « Ah, c'est bien, tu m'as dit bonjour ! Mais suis-je un hérisson ou une hirondelle ? Je n'ai pas entendu à qui tu as dit bonjour ! ».

Encourageons l'enfant qui n'a pas envie de se lever le matin

Objectif

Fortifier la volonté en apprenant à faire ce dont on n'a pas envie.

Conseils pratiques

1. **Prenons en compte l'état** dans lequel se trouve l'enfant (complètement endormi) et rejoignons-le dans ce qu'il est en train de vivre.
2. **Amenons-le à faire le bon choix** en commençant par présenter l'objectif (pour être à l'heure, pour avoir le temps de, etc.).
3. Accompagnons le tout d'un gros baiser.

PETITES PHRASES À LEUR DIRE

Pour rejoindre l'enfant dans ce qu'il vit :

→ *Je comprends que tu préfères rester au chaud sous ta couette…*
→ *Je vois que tu as du mal à te lever/je comprends que ce soit difficile de te lever, etc.*

Pour aider l'enfant à faire le bon choix :

→ *Pour être prêt(e) à l'heure, sans te dépêcher, est-ce que tu veux bien te lever maintenant ?*
→ *Pour bien commencer ta journée, es-tu prêt(e) à faire quelque chose de très, très difficile ?*
→ *Pour avoir le temps de prendre un bon bol de céréales, peux-tu te lever maintenant ?*

>>>

>>>

Avec un style humoristique pour les plus petits :

→ *Qui est ce superhéros qui va commander à ses forces endormies de vite se réveiller pour s'habiller ?*

→ *Qui va décider de se lever même s'il préfère rester au chaud sous sa couette ?*

→ *Qui va être le chef de lui-même/de ses forces ?*

Stop à...

* Le stresser en s'affolant : « Vite, lève-toi ! Dépêche-toi !!!! Nous allons être en retard ! »

Astuces

* La veille au soir, préparer les vêtements de l'enfant avec lui, de manière ludique, en reconstituant un bonhomme par terre, etc.
* Pourquoi ne pas mettre de la musique le matin ?
* Une fois de temps en temps, savoir casser la routine en proposant une idée originale, par exemple : un petit déjeuner à l'anglaise, de nouvelles céréales, etc.

Stimulons l'enfant qui préfère lire ou jouer plutôt que de se préparer

Objectifs

1. Faire comprendre à l'enfant qu'il y a un temps pour tout.
2. Lui apprendre que les choix bons ou mauvais qu'il fait entraînent des conséquences bonnes ou mauvaises.

Conseils pratiques

1. **Efforçons-nous de rester calmes** et **rappelons les horaires** du petit déjeuner.
2. **Acceptons que notre enfant parte le ventre vide** à l'école pendant deux ou trois jours, s'il n'a plus le temps de prendre un petit déjeuner avant de partir.

PETITES PHRASES À LEUR DIRE

Pour apprendre à l'enfant à s'accorder aux rythmes de vie :

→ *C'est le temps du petit déjeuner.*
→ *Le petit déjeuner est servi jusqu'à… heures/jusqu'à ce que la grande aiguille soit sur le 8.*
→ *Après ce sera le temps d'aller à l'école : veux-tu te priver de petit déjeuner ?*
→ *Il y a un temps pour tout !*

Stop à…

* S'énerver, hurler, stresser son enfant pour qu'il se dépêche.

Astuce

* Peut-être l'enfant a-t-il besoin de prendre son temps et de se lever plus tôt ?

Laissons l'enfant agir pour développer son autonomie

L'autonomie, c'est la capacité à agir par soi-même au lieu de dépendre d'une autre personne sans laquelle rien ne peut être fait. Une remorque n'est pas autonome, elle a besoin d'un tracteur pour rouler !

Objectifs

1. Développer l'autonomie.
2. Renforcer la volonté d'agir et la persévérance, même quand c'est pénible, ennuyeux.
3. Lutter contre la paresse, la flemme et le manque d'intérêt.
4. Favoriser la confiance en soi de l'enfant.

Conseils pratiques

1. **Laissons agir l'enfant** à partir du moment où il a acquis une compétence (par exemple s'habiller, mettre ses chaussures, enfiler son manteau, faire ses lacets, préparer son cartable...), **même s'il n'en a pas envie ou que nous sommes pressés.** Au début, l'enfant est heureux de se débrouiller tout seul. Mais arrive un jour où cela l'ennuie parce que c'est toujours la même chose, donc sans intérêt ! Apprenons-lui à devenir persévérant en le laissant aller jusqu'au bout de ses actes.
2. **Montrons-lui que nous nous réjouissons** de le voir capable de faire telle ou telle chose tout seul **et qu'il peut être fier de ce qu'il a réussi.**

PETITES PHRASES À LEUR DIRE

Pour encourager l'enfant et lui signifier que désormais il peut agir seul :

→ *Tu réussis à… Bravo ! Je suis très fier(ère) de toi. À partir de maintenant, c'est toi qui le feras.*

Même s'il n'en a pas envie :

→ *Je comprends que cela t'ennuie de t'habiller/mettre tes chaussures/préparer ton cartable… tous les jours.*

→ *Moi aussi cela m'ennuie de faire le dîner tous les jours.*

→ *C'est pareil pour tout le monde : une fois qu'on sait faire quelque chose, on le fait sans laisser les autres le faire à notre place.*

Stop à…

* Faire « à la place de » notre enfant en s'abritant derrière de fausses excuses : il ne va pas y arriver, il va oublier quelque chose, il n'est pas rapide, etc.
* Répondre à la place de notre enfant quand une personne pose une question qui le concerne en sa présence, par exemple : « Et sinon, Georges aime bien son école ? » « Qu'est-ce qu'il fait comme activité ? ».

Astuce

* Prévoir plus de temps pour ne pas stresser l'enfant avec les horaires.

Gérons la fratrie quand les rythmes de sommeil sont différents

Objectifs

1. Apprendre à s'occuper en restant calme et silencieux.
2. Apprendre le respect des autres.

Conseils pratiques

1. **Préparons la veille** au soir des occupations calmes et silencieuses pour les lève-tôt.
2. Si les consignes ne sont pas respectées, **n'hésitons pas à nous fâcher et à leur faire assumer les conséquences de leur comportement.**

PETITES PHRASES À LEUR DIRE

Pour demander à l'enfant de respecter les autres :

→ *Pour respecter ceux qui ont besoin de dormir plus longtemps, je te demande de t'occuper en faisant une activité silencieuse (livres, puzzles, dessins…) jusqu'à… heures/ce que le réveil s'allume/ce que je vienne te chercher.*

Pour l'enfant de 4 ans et plus qui n'a pas respecté les consignes :

→ *Tu as fait du bruit comme un petit ; tu feras la sieste comme un petit.*

Stop à…

* Faire du chantage : « Si tu es sage, je te donnerai un bonbon. »

Astuces

* Savoir qu'il existe des réveils/montres ludiques utiles pour aider les enfants à se repérer dans le temps (quand ils ne savent pas lire l'heure).
* Organiser un concours de calme, le but du jeu étant de rester calme jusqu'à l'heure indiquée.
* Se rappeler que les temps calmes favorisent beaucoup l'imagination et la créativité !
* Au besoin, préparer la veille le petit déjeuner que les enfants pourront prendre seuls et calmement à leur rythme.

Apprenons à l'enfant le respect des personnes et des horaires lors des repas

Les repas pris en famille sont une des occasions de la vie quotidienne qui permettent d'apprendre les règles de la vie en société. Rappelons-nous que toute règle en vigueur dans la famille doit être énoncée clairement, expliquée à l'avance et une fois pour toutes (ne nous épuisons pas à tout répéter tout le temps). Par exemple, si la règle est que tout le monde passe à table en même temps, alors cela aura été clairement énoncé et expliqué à l'avance à chaque enfant.

Objectifs

1. Apprendre aux enfants à arriver à l'heure quand nous les appelons.
2. Leur faire comprendre que la cuisine n'est pas un self-service.
3. Respecter la personne qui a préparé le repas et les convives.
4. Prendre conscience que tout le monde est là pour partager un repas, mais aussi un moment de vie familiale.

Conseils pratiques

1. **Prévenons les enfants quelques minutes** avant de passer à table. Chacun comprend ainsi que c'est le moment de finir ce qu'il est en train de faire.
2. **Soyons prêts à priver de repas** l'enfant qui sera en retard (généralement il ne faut pas le lui dire deux fois !).
3. **Parlons concrètement** et soyons **le plus précis possible** si nous avons des remarques à faire.
4. **Montrons concrètement** comment bien se tenir sur sa chaise, utiliser son couteau, sa fourchette, etc.

PETITES PHRASES À LEUR DIRE

Pour encourager l'enfant à arriver à l'heure :

→ *Le repas est servi dans cinq minutes !/ … sera servi quand la grande aiguille sera sur le 7.*

→ *Ce sera le moment du déjeuner/dîner dans cinq minutes !*

Pour être précis et concrets dans nos remarques :

→ *Peux-tu faire moins de bruit ? (Précision.)*

→ *Oh, j'entends un petit chien qui boit sa soupe ? Mais où est-il ? (Humour et précision.)*

→ *Quand tu mâches, ferme la bouche ; tu n'es pas un crocodile ! (Précision.)*

→ *Je vais te montrer comment manger tes spaghettis. (Passer à l'action concrètement.)*

→ *Redresse-toi et tiens-toi droit(e) ! (Précision.)*

Stop à…

* Hurler pour appeler les enfants à table.
* Servir au fur et à mesure de leur arrivée, si la règle de la maison est que les enfants passent à table tous en même temps. Nous ne ferions qu'encourager les retardataires à prendre leur temps !
* Prendre ses repas devant la télévision.
* Dire :

  – Tiens-toi mieux, mange proprement, tu te tiens comme un cochon !
  → Reste calme, ne mets pas tes coudes sur la table, fais moins de bruit en mangeant ta soupe, etc.

  – Arrête de te balancer sur ta chaise !
  → Je n'ai pas envie que ma chaise se casse une jambe ! Peux-tu lui mettre les quatre pieds par terre ?

Astuces

* Faire sonner une petite cloche cinq minutes avant le repas.
* Suggérer de temps en temps un concours de rapidité.
* Décerner des « médailles » de propreté, bonne tenue à table, etc.

Incitons l'enfant à manger de tout et celui qui traîne à terminer son assiette

Objectifs

1. Encourager l'enfant à faire un petit effort s'il n'aime pas tel ou tel aliment.
2. Favoriser un repas paisible pour tout le monde.

Conseils pratiques

1. Félicitons l'enfant quand il a goûté un nouvel aliment et donnons-lui peu de ce qu'il n'aime pas.
2. Restons fermes et ne donnons rien en remplacement.
3. Si l'enfant traîne devant son assiette :

   > **Prévenons de l'heure** à laquelle le repas sera terminé.
   > **Gardons pour le repas suivant les restes** du repas qui ne sont pas terminés dans les temps.
   > Consultons si l'enfant exclut systématiquement certaines catégories d'aliments (tous les légumes et/ou tous les fruits ; tous les produits lactés, etc.) ; s'il mange très peu ; s'il refuse tout ce qui est en morceaux, même petits.

PETITES PHRASES À LEUR DIRE

Pour demander à l'enfant de goûter ce qu'il n'aime pas :

→ *Tu as le droit de ne pas aimer mais tu n'as pas le droit de ne pas en goûter au moins un tout petit peu !*

→ *Je t'en donne peu mais je te demande de goûter !*

Pour donner des limites dans le temps à celui qui traîne :

→ *Quand l'aiguille sera sur le 8, le temps du dîner sera terminé. Tu mangeras demain ce que tu n'auras pas fini aujourd'hui.*

Stop à...

* Laisser l'enfant trier dans son assiette les aliments qu'il accepte de manger.
* Attendre indéfiniment que l'enfant finisse son assiette.
* S'énerver en lui répétant vingt fois que le dîner sera bientôt terminé.

Astuces

* Servir de petites quantités pour éviter d'avoir à forcer l'enfant à finir. Mieux vaut qu'il se serve deux fois s'il aime.
* Pour détourner l'attention d'un petit enfant de la nourriture, pourquoi ne pas lui lire une histoire pendant le dîner de temps en temps ?

Acceptons que le goûter rime avec simplicité

Rappelons ce qu'est le goûter : donner aux enfants (et aux adultes !) la possibilité de combler un petit creux entre deux repas. Ce n'est pas un repas au même titre que le déjeuner ou le dîner !

Objectifs

1. Distinguer le quotidien de certains autres jours exceptionnels.
2. Aider l'enfant à comprendre qu'il peut être heureux avec des choses simples.
3. Préparer concrètement l'enfant à la vraie vie où tout n'est pas que facilité.

Conseils pratiques

1. **Ne lui donnons pas des habitudes d'enfant gâté**.
2. **Rejoignons l'enfant** dans ce qu'il est en train de vivre s'il se sent frustré.
3. **Montrons-lui qu'il a le choix** entre accepter ce que nous lui proposons ou rien du tout.

PETITES PHRASES À LEUR DIRE

Pour aider l'enfant à ne pas prendre des habitudes d'enfant gâté :

→ *Mon chéri/ma chérie, je comprends que tu veuilles un croissant, mais que pourrais-je t'offrir quand je voudrai te faire une petite surprise ?*

→ *Gardons l'exceptionnel pour les jours exceptionnels.*

→ *Réjouis-toi déjà d'avoir un goûter ! Tu peux être heureux(se) avec ce que je t'offre !.*

→ *Tu as le droit de ne pas en vouloir. Tu as le choix d'accepter cela ou de ne rien avoir.*

Stop à...

* Craquer et acheter des viennoiseries, des pâtisseries très souvent : se faire plaisir tous les jours n'est pas nécessaire !
* Donner automatiquement le paquet de gâteaux aux enfants qui réclament à tue-tête leur goûter alors qu'ils sont à peine sortis de l'école.

Astuce

* Profiter du goûter pour favoriser un temps d'échange à chaud sur leur journée.

Éveillons l'enfant au sens du service

Un service est une aide apportée à une personne. Cette aide peut être rémunérée ou totalement bénévole, répondre à une demande ou être proposée spontanément.

Objectifs

1. Faire prendre conscience à l'enfant de tous les services rendus par ses parents (qui y mettent tout leur cœur malgré la fatigue et la répétition !).
2. Lui apprendre à participer à la vie de la famille et l'encourager à être serviable.
3. Le préparer à la vie en société.

Conseils pratiques

1. **Osons lui demander de participer** à la vie de la famille : c'est normal ! La vie quotidienne à la maison est l'occasion de faire l'apprentissage de la vie sociale.
2. **Apprenons-lui progressivement à rendre des services et à être autonome** en fonction de son âge : faire son lit, passer l'éponge, vider le lave-vaisselle, sortir les poubelles… **sans pour autant le lui demander de manière systématique**.
3. **Acceptons que ce ne soit pas forcément bien fait du moment que l'enfant a fait de son mieux**.
4. Aidons-le à acquérir **l'esprit de service** (services spontanés).

PETITES PHRASES À LEUR DIRE

Pour demander à l'enfant de participer à la vie de la famille :

→ *Ce soir il y a beaucoup à faire. J'ai besoin d'aide pour mettre le couvert/vider la machine…*

→ *Qui est le chef du couvert aujourd'hui ? Ce soir, c'est au tour de...*

→ *Je cherche un agent secret pour une mission de la plus haute importance : ...*

Pour motiver l'enfant qui refuse d'aider :

→ *Je comprends que tu n'aies pas envie de...*

→ *Puisque tu as choisi de ne pas participer à la vie de famille, ne t'étonne pas si ce soir je choisis de ne pas te faire participer au dessert.*

→ *Je vois que tu as changé de choix, eh bien moi aussi, je change volontiers !*

Stop à...

* Préférer agir soi-même pour aller plus vite ou pour que ce soit mieux fait.
* Laisser les mêmes tout faire !

Astuces

* Organiser des tours de service.
* Pourquoi ne pas faire un binôme parent-enfant pour transformer une corvée en un petit moment de complicité ?
* Récompenser l'enfant par une petite médaille correspondant à un service : chef du couvert, chef de la salle de bains, etc.
* Récompenser certains services plus ingrats ou plus laborieux rendus par les plus grands (lavage de voiture...) par une petite pièce, une petite somme d'argent.
* Veiller à ce que l'enfant apporte son aide quand il est chez les autres, par exemple en rangeant un peu les jeux avant de partir, en débarrassant ses couverts, etc.

Éduquons à la propreté et au respect du corps

C'est l'heure du bain, de la douche ! Rappelons-nous que toute règle en vigueur dans la famille doit être énoncée et expliquée clairement, à l'avance et une fois pour toutes (ne nous épuisons pas à tout répéter tout le temps). Par exemple, si prendre son bain ou sa douche avant le dîner est une règle dans la famille, alors cela aura été clairement énoncé et expliqué à l'avance à chaque enfant.

Objectifs

1. Apprendre la propreté et le respect de son corps.
2. Aider l'enfant à prendre lui-même une décision.
3. Lui apprendre à assumer les conséquences de son choix.

Conseils pratiques

1. **Prévenons l'enfant** cinq minutes avant de lui demander de prendre son bain ou sa douche.
2. **Prenons en compte l'état** dans lequel il se trouve (en train de jouer, peut-être même de travailler !) et **rejoignons-le** dans ce qu'il est en train de vivre.
3. **Encourageons-le à faire le bon choix** pour ne pas avoir à assumer de conséquences désagréables.

PETITES PHRASES À LEUR DIRE

Pour rejoindre l'enfant dans ce qu'il vit :

→ *Je comprends très bien que tu n'aies pas envie de te mouiller/ que tu préfères continuer à jouer…, mais pour ta santé/ pour être à l'heure à table… est-ce que tu veux bien prendre ta douche ?*

→ *C'est le temps du bain !*

Pour expliquer à l'enfant qu'il va vivre les conséquences de son (mauvais) choix s'il n'obéit pas :

→ *Pas de bain, pas de dîner !*

→ *La règle familiale est d'être en pyjama, douche prise, pour le dîner. Si tu ne respectes pas cette règle, tu ne peux pas dîner. Ce n'est pas une punition, c'est la conséquence des règles de la maison. Choisis ce qui est bon pour toi !*

Stop à...

* Crier, s'énerver jusqu'à ce que l'enfant accepte (enfin !) de se laver.

Astuces

* Faire une liste aide-mémoire de la routine du soir (illustrée pour les petits qui ne savent pas lire), sur laquelle l'enfant cochera les cases au fur et à mesure.
* Accepter que les enfants rigolent, chantent, jouent, même s'ils font un peu de bruit ! La joie, c'est la vie !

Faisons découvrir à l'enfant la beauté du corps et de la sexualité

Objectifs

1. Découvrir la beauté du corps.
2. Comprendre le sens de la différence sexuelle.
3. Prendre conscience du lien qui unit la sexualité à l'amour et à la vie.
4. Respecter son corps et celui des autres.

Conseils pratiques

1. **Répondons toujours** si l'enfant nous pose une question. Cela signifie qu'il réfléchit à tel ou tel sujet. Profitons de ces occasions, de ces perches qu'il nous tend, pour en parler avec lui.
2. Prenons conscience que **c'est notre devoir et notre responsabilité** de parents de faire l'éducation affective et sexuelle de nos enfants. Ce n'est pas le rôle de l'école.
3. **Commençons à leur parler, dès 3 ans**, dans un climat d'amour, en nous adaptant à l'âge et au sexe de chaque enfant.
4. À partir de la préadolescence, continuons le dialogue, la mère avec sa fille et le père avec son fils.
5. **Éduquons à la pudeur**. C'est une protection contre la « chosification » du corps.
6. **Mettons les enfants en garde** contre les personnes, les sites web, etc. qui pourraient leur faire du mal.
7. **Soyons attentifs** aux signes d'un malaise résultant d'images ou de conversations douteuses.

PETITES PHRASES À LEUR DIRE

Pour répondre aux questions de l'enfant :

– *« Pourquoi les papas et les mamans ont-ils des bébés ? »*
→ *Les bébés viennent de l'amour de leur papa et de leur maman.*

– *« Qu'est-ce que cela veut dire pour un papa et une maman « s'aimer très fort » ? »*
→ *Ils se serrent très fort l'un contre l'autre, encore plus fort que toi quand tu me fais un câlin.*

– *« Est-ce que nous sommes pareils que les animaux ? »*
→ *Les animaux sont guidés par l'instinct. En fait, ils ne s'aiment pas. Tandis qu'un homme et une femme, c'est par amour qu'ils s'unissent et peuvent donner la vie à un bébé.*
→ *Ton corps, c'est TOI. Ce n'est pas un objet qui m'appartient ou qui peut être pris. C'est TOI[1] !*

Stop à…

* Laisser l'école ou les copains expliquer à l'enfant le fonctionnement du corps et de la sexualité.
* Laisser l'enfant croire des choses fausses ou imaginer que « beurk, c'est dégoûtant ! ».
* La nudité des parents devant les enfants et toute attitude qui pourrait choquer l'enfant dans sa pudeur.
* Le bébé ou l'enfant qui dort dans le lit de ses parents.
* À l'accès internet pour les plus jeunes sans vigilance ni contrôle.
* À un langage uniquement technique ou, pire, trivial.

1. Pour aller plus loin, voir les ouvrages d'Inès Pélissié du Rausas sur l'éducation affective et sexuelle des enfants et des adolescents (voir p. 187).

Astuces

* Se rendre disponible au moment où l'enfant pose des questions : ne pas laisser passer l'occasion de parler avec lui de ces sujets car il ne reviendra sans doute pas dessus.
* Dialoguer avec son enfant en s'aidant de petits manuels adaptés à son âge.
* Respecter la pudeur de l'enfant, même à l'âge où il n'est pas encore pudique.
* Savoir exprimer sa tendresse et son affection vis-à-vis de son conjoint est sécurisant pour l'enfant et comble son cœur.

Apprenons à l'enfant à ranger ses affaires

Objectifs

1. Apprendre à être ordonné. C'est un apprentissage qui demande patience et persévérance.
2. Apprendre à structurer sa pensée : qui dit rangement dit classification (on ne met pas tout dans le même panier) et donc réflexion (c'est bon pour la logique !).
3. Apprendre à respecter les objets.
4. Travailler sans être distrait par ce qui traîne.

Conseils pratiques

1. **Demandons régulièrement la collaboration de l'enfant** à partir de 3-4 ans. Sous forme de jeu, ce sera plus facile ! Vers 7 ans, l'enfant est capable de ranger sa chambre, même s'il a toujours besoin d'un peu d'aide.
2. Donnons-lui l'habitude de ranger impeccablement son bureau (uniquement les objets de travail). En libérant l'espace extérieur, c'est aussi l'espace intérieur que nous libérons.
3. Attribuons une place – toujours la même – à un objet.
4. **Faisons-lui prendre conscience de la satisfaction que l'on éprouve** quand chaque chose est à sa place et peut être facilement retrouvée.

PETITES PHRASES À LEUR DIRE

Pour encourager l'enfant à ranger :

→ *Un objet, une place !/Chaque objet a sa place.*
→ *Quelle place as-tu choisie/choisis-tu pour tel objet ?*
→ *Mettre de l'ordre sur son bureau, c'est mettre de l'ordre dans son cerveau !*

>>>

>>>

Pour lui faire prendre conscience des bienfaits du rangement :

→ *Regarde comme c'est agréable : demain tu auras plein de place pour jouer !*

→ *Tu pourras faire/découvrir plein d'autres jeux.*

→ *Tu pourras marcher dans ta chambre sans t'enfoncer un Lego dans le pied !*

Stop à…

* Laisser l'enfant s'enliser dans un désordre épouvantable qui pourrait ensuite le décourager de ranger !

Astuces

* Être exigeant sur certaines choses (bureau impeccablement rangé) et plus souple sur d'autres.
* Encourager l'enfant à ranger petit à petit, au fur et à mesure.
* L'aider à s'organiser dans le rangement de sa chambre et adapter le mobilier à sa taille.
* Donner l'habitude à l'enfant de ranger son jeu avant d'en sortir un autre.
* Ne pas hésiter à faire tourner certains jeux pour que l'enfant les redécouvre.
* Peut-être nos enfants ont-ils trop de jouets ? Jouent-ils avec tous ? Savent-ils partager ?

Stimulons l'enfant qui n'a pas envie de faire ses devoirs

Objectifs

1. Encourager progressivement l'autonomie de l'enfant pour qu'il décide lui-même de travailler.
2. Acquérir la notion de responsabilité.
3. Apprendre à l'enfant le sens de l'effort pour la satisfaction d'un travail bien fait plutôt que pour se débarrasser de ses devoirs !

Conseils pratiques

1. **Prenons en compte l'état** dans lequel l'enfant se trouve (en train de jouer/dessiner...) et **rejoignons-le** dans ce qu'il est en train de vivre.
2. **Proposons-lui notre aide sur un créneau horaire précis**, de telle heure à telle heure. Passé ce temps, il devra travailler seul. Il est important que l'enfant comprenne qu'il y a un temps pour tout. **Proportionnons notre aide** à son âge et à ses besoins.
3. **Vérifions que les devoirs sont terminés** et faisons réciter les leçons aux plus jeunes.
4. **Demandons à la maîtresse de réagir en conséquence** si le travail n'est pas terminé dans le temps imparti ou qu'il est mal fait,

PETITES PHRASES À LEUR DIRE

Pour rejoindre l'enfant dans ce qu'il vit :

→ *Je comprends que tu n'aies pas envie de faire tes devoirs parce que tu préférerais continuer à jouer...*

→ *Je comprends que ça ne t'amuse pas mais il y a un temps pour tout et, là, c'est le temps de faire ton travail.*

→ *Pour avoir le temps de jouer ensuite, es-tu d'accord pour bien faire tes devoirs maintenant ?*

>>>

>>>

Pour lui proposer notre aide :

→ *Je suis à ta disposition pour t'aider de telle heure à telle heure. En dehors de ce temps, je ne pourrai plus t'aider.*

→ *Par quoi préfères-tu commencer ?*

→ *Comment puis-je t'aider ?*

→ *De quoi as-tu besoin ?*

Stop à...

* Faire le travail à la place de l'enfant.
* Se sentir responsable de ses résultats. Ce n'est pas à nous d'être responsables de ses notes en maths... même si elles sont bonnes ! Plus les parents se sentent responsables du travail de leur enfant, moins celui-ci s'en sentira responsable.
* Sortir nous-mêmes son agenda, diriger toute son activité...
* Hurler sur l'enfant qui ne comprend pas.
* Dire : « Allez, dépêche-toi de te débarrasser de tes devoirs pour pouvoir jouer après ! »
  → « Dépêche-toi de te mettre à tes devoirs, fais-les bien et tu auras du temps pour jouer ensuite. »

Astuces

* Si l'enfant bute sur les difficultés d'une leçon, ne pas s'obstiner : la mettre de côté et y revenir ensuite.
* Pourquoi ne pas inverser les rôles de temps en temps ? L'enfant devient le professeur !

Aidons l'enfant qui ramène de mauvaises notes ou bâcle son travail

Acquérir le sens de l'effort implique de trouver normal que tout ne soit pas facile et qu'il faille se donner du mal pour parvenir à un résultat[1].

Objectifs

1. Aider l'enfant allergique à tout effort à progresser en l'encourageant à faire de son mieux. Quand nous faisons de notre mieux, nous pouvons être contents de nous, même si nous ne sommes pas contents du résultat !
2. Aider l'enfant qui stresse à l'école ou qui a des difficultés de concentration.

Conseils pratiques

1. **Sanctionnons les mauvaises notes si elles sont la conséquence d'un choix volontaire de ne pas avoir travaillé en amont :** elles prouvent que l'enfant n'a pas fait de son mieux. Par exemple : donner du travail supplémentaire, refaire les devoirs, etc.
2. **Essayons de trouver ensemble le moyen, le remède** qui l'aidera à s'améliorer. Incitons l'enfant à chercher par lui-même ce moyen.
3. Si l'enfant dit qu'il a déjà fait de son mieux, **montrons-lui les progrès qu'il peut encore faire, le « petit plus »** qu'il pourra ajouter le lendemain, par exemple s'appliquer à écrire plus proprement, faire attention à la ponctuation, apprendre avec plus de rigueur ses leçons, etc.
4. **Cherchons les techniques, méthodes et moyens pédagogiques** qui remédieront aux difficultés de stress ou de concentration : méthode Vittoz, graphothérapie, gestion mentale, etc.

1. Pour aller plus loin, voir l'ouvrage de Bernadette Lemoine, *Le Secret de la vraie réussite*, EdB, 2011.

PETITES PHRASES À LEUR DIRE

Si l'enfant ramène de mauvaises notes parce qu'il n'a pas assez travaillé :

→ *Je suppose que tu es déçu(e). En tout cas, moi je suis déçu(e).*
→ *Pouvons-nous travailler ensemble pour améliorer cela ?*
→ *Nous allons voir comment tu pourrais faire un peu mieux.*
→ *Que décides-tu de faire pour progresser/pour que ce soit mieux la prochaine fois ?*

Si l'enfant bâcle son travail :

→ *Es-tu sûr(e) que tu as fait de ton mieux ?*
→ *As-tu fait de ton mieux ?*
→ *Je sais que tu es capable de bien faire ce travail et je ne peux donc absolument pas me contenter de ce que tu as fait. Je te demande de recommencer proprement (redemander jusqu'à ce que le travail soit propre, bien fait, etc.).*
→ *Je ne te demande pas d'être parfait(e), je ne te demande pas d'être le meilleur/la meilleure.*
→ *Je te demande de faire de ton mieux même si ce n'est pas aussi bien que le premier de ta classe.*
→ *Je te demande ton mieux à toi.*
→ *Si tous les jours tu fais de ton mieux, tu feras des progrès et tu pourras être content(e) de toi et moi aussi je serai content(e). C'est tout ce que je te demande.*

Pour encourager l'enfant qui a fait de son mieux à persévérer :

→ *Tu as fait de ton mieux, c'est cela qui est important ! Continue ! C'est comme cela que l'on progresse !*
→ *Réussir SA vie est plus important que de réussir DANS LA vie !*

Stop à…

* Exiger : « Je te demande d'être le meilleur/la meilleure ! Que tes devoirs soient parfaits ! »
* Se plaindre : « Mais ce n'est pas possible, tu ne comprends rien ! Nous n'y arriverons jamais ! »

Astuces

* Faire une petite fête exceptionnelle pour une bonne note.
* Refuser et faire recommencer un travail mal présenté ou bâclé quand nous vérifions les devoirs à la maison.
* Encourager l'enfant à trouver lui-même ses erreurs plutôt que de les pointer directement.
* Lorsque l'enfant sort de l'école, ne pas parler systématiquement des notes surtout s'il est en difficulté. Nous pouvons en discuter pendant le temps de travail de chacun à la maison.
* Expliquer à l'enfant que, pour progresser, il s'agit de faire à chaque instant de son mieux.

Discernons avec l'enfant le choix des activités extrascolaires

Objectifs

1. Aider l'enfant à faire un choix éclairé.
2. Apprendre à respecter un engagement.
3. Apprendre la constance et la persévérance en allant jusqu'au bout de ce que l'on entreprend (sans faire les choses à moitié).

Conseils pratiques

1. **Choisissons une activité avec notre enfant.**
2. **Demandons-lui de faire au moins un essai** s'il n'est pas tenté par l'activité que nous lui proposons. Promettons que nous respecterons son choix après cet essai.
3. S'il donne son accord pour telle ou telle activité**, expliquons-lui qu'il s'engage lui-même sur la durée** convenue. **C'est un contrat**.
4. S'il veut arrêter en cours d'année, **rappelons-lui qu'il a accepté d'aller jusqu'au bout** de l'activité commencée et **restons fermes**.

PETITES PHRASES À LEUR DIRE

Pour encourager l'enfant à essayer une activité :

→ *Es-tu prêt(e) à faire un tout petit effort ?*
→ *Montre-moi le petit effort que tu es prêt(e) à faire ?*
→ *Dans la vie, c'est important de savoir faire de petits efforts.*
→ *Danser/chanter/rire/s'amuser, ça aide à bien grandir !*

Pour que l'enfant comprenne la notion de contrat :

→ *Es-tu prêt(e) à être responsable de ton choix jusqu'à la fin de l'année ?*

Pour rester ferme face à l'enfant qui veut s'arrêter en cours d'année :

→ *Je te demande de finir ce que tu as commencé. Quand on fait un choix, on va jusqu'au bout !*

Stop à…

* Forcer l'enfant à faire une activité : cela s'avère peu efficace dans la pratique !
* L'empilement des activités qui ne laissent aucun temps libre. Privilégions la qualité à la quantité.

Astuce

* S'organiser pour laisser l'enfant jouer librement dehors ; favoriser des moments propices à la lecture, à la réflexion ou à des activités libres qui développeront son imagination.

Usons avec modération des croyances enfantines : Père Noël, petite souris, etc.

Objectifs

1. Préserver la confiance que l'enfant a en nous.
2. Favoriser sa perception de la réalité par rapport à l'imaginaire.

Conseils pratiques

1. **Encourageons l'enfant à lire des contes et des histoires** qui nourrissent son imagination et favorisent son développement.
2. **Distinguons bien les contes et histoires des croyances** enfantines. Ne berçons pas trop longtemps les enfants dans ces croyances imaginaires et irréelles. Nous pouvons **laisser planer un certain temps une part de mystère et jouer le jeu de ces croyances enfantines** pour s'amuser, rêver, s'inscrire dans la tradition… **tout en restant dans la vérité, le réel.**

PETITES PHRASES À LEUR DIRE

Pour parler à l'enfant en restant évasif(ve) :

→ *Quand j'étais petit(e), on me disait/on me racontait que…*
→ *Le Père Noël est un gentil grand-père imaginaire dont on raconte que…*
→ *Les adultes aiment bien raconter que…*

Pour répondre à l'enfant qui demande si le Père Noël existe :

→ *Toi, qu'en penses-tu ?*

Stop à...

- Entretenir de manière soutenue des croyances d'enfants.
- Penser que savoir la vérité empêche de rêver ou de s'amuser ! Les plus grands aiment toujours mettre leur dent sous leur oreiller même s'ils savent très bien que la petite souris n'existe pas !

Apprenons à l'enfant à gérer l'argent de poche

Objectifs

1. Apprendre à patienter et à maîtriser ses désirs.
2. Comprendre la valeur de l'argent et apprendre à le gérer.
3. Apprendre à posséder pour partager.

Conseils pratiques

1. À partir de 6-7 ans, **pourquoi ne pas donner une petite pièce** quand l'enfant perd une dent, rend un service... ? Mais attention, pas systématiquement ! Pour ne pas gâter le sens du service.
2. À partir de 9-10 ans : **donnons une petite somme chaque mois** afin que l'enfant apprenne à faire de petites économies et à les gérer, et afin qu'il ne se sente pas marginalisé par rapport aux autres.

PETITES PHRASES À LEUR DIRE

Pour éduquer l'enfant dans son rapport à l'argent :

→ *L'argent n'est qu'un moyen ; ce n'est pas le but de la vie !*

→ *Avec ta pièce, tu peux t'acheter des bonbons tout de suite, mais si tu la mets de côté en attendant d'en avoir davantage, tu pourras alors t'acheter tel jouet/tel album qui te fait tant envie.*

→ *Avec l'argent que tu as économisé/que tu possèdes, tu peux t'acheter quelque chose qui te fera plaisir, mais tu peux aussi faire un cadeau à quelqu'un. Partager est parfois difficile, mais ça fait deux heureux : toi et l'autre !*

Stop à...

* Parler trop souvent d'argent avec et devant les enfants.
* Donner de l'argent pour récompenser une note (attitude stigmatisante pour les frères et sœurs qui ont peut-être plus de difficulté à l'école).

Astuce

* Idées de services pouvant éventuellement mériter une petite pièce : tri des chaussettes, passage de l'aspirateur, ratissage du jardin...

Acceptons de ne donner aux écrans que la place qui leur revient

Objectifs

1. Respecter les conditions du bon développement du cerveau préconisées par les psychoneurologues[1].
2. Éviter à l'enfant le risque de devenir apathique ou surexcité.
3. Apprendre à l'enfant à résister à ce qui peut devenir une addiction.
4. Sensibiliser le jeune à la richesse d'une amitié réelle et proche par rapport aux nombreux amis virtuels.

Conseils pratiques

1. **Osons donner accès aux écrans le plus tard possible**, même si nous nous singularisons par rapport à notre entourage !
2. **Limitons au maximum l'accès systématique aux écrans** dès qu'il y a un moment d'attente ou un temps mort, par exemple dans une salle d'attente.
3. **Ne laissons pas les écrans prendre le temps absolument nécessaire à chacun** pour s'enrichir de tout ce que le réel propose à nos sens : la vie s'apprend et se vit avec tous nos sens et pas à travers les écrans. C'est la base de tout apprentissage.
4. **Favorisons des temps sans écrans**, même pour les adultes (par exemple repas, temps de qualité avec les enfants, etc.).
5. **Donnons le temps maximum aux activités éducatives** (comme le scoutisme), amicales, **sportives**, culturelles...
6. **Installons l'ordinateur** dans un lieu de passage (pas d'ordinateur dans les chambres).

---

1. Pour aller plus loin, voir les chapitres consacrés au cerveau et aux écrans dans l'ouvrage de Nathalie de Boisgrollier, *Heureux à l'école : tout commence à la maison*, Albin Michel, 2015.

Stop à...

* L'absence de règles précises d'usage.
* Être nous-mêmes collés à notre téléphone, tablette...
* Avoir recours aux écrans au détriment d'activités extérieures, bricolage, jeux de construction, etc.
* Mettre un tout-petit devant un écran quel qu'il soit.
* Laisser un petit jouer avec le téléphone de ses parents.
* Laisser l'enfant jouer à des jeux vidéo.
* Laisser les jeunes garder leur téléphone dans leur poche ou sous l'oreiller et l'ordinateur dans leur chambre (sauf les étudiants).

Astuces

* Allouer un temps global d'usage des écrans sur la semaine. À l'enfant d'organiser lui-même la gestion de ce temps.
* On peut décréter que certains jours et/ou à certaines heures, les écrans ne devront pas être utilisés.
* Éveiller les enfants à la beauté et à la richesse de la nature est le meilleur antidote aux écrans (qui sont aussi un formidable atout dans l'éducation). Les enfants aiment jouer dehors, construire des cabanes, faire pousser des fruits et des légumes, observer la vie des animaux, etc. Autant d'activités au contact du réel qui les éduquent en profondeur au respect de l'environnement.

5

Les mots béton

Pour réagir à la peur de l'agression ou à l'agression elle-même

Si l'enfant est timide

C'est la peur du regard de l'autre qui est souvent à l'origine de cette difficulté vécue douloureusement. La timidité paralyse plus ou moins certaines personnes et les empêche de parler et d'agir, surtout à l'extérieur. Elle demande beaucoup de respect de notre part parce que l'enfant timide craint presque en permanence d'être agressé.

Objectif

Faire progresser l'enfant tout en respectant sa timidité.

Conseils pratiques

1. **Sécurisons l'enfant** pour l'aider.
2. **Incitons-le très doucement à de tout petits progrès**, sans trop insister.
3. **Encourageons-le beaucoup**.
4. **Complimentons** le moindre progrès.

PETITES PHRASES À LEUR DIRE

Pour sécuriser et encourager l'enfant :

→ *Je suis là. Tu peux être tranquille. Tu peux oser parler/répondre/dire bonjour/regarder un peu (juste un tout petit peu) la personne qui te parle…*

→ *Tu es capable comme les autres de…*

→ *Est-ce que tu veux bien avoir le courage de… ?*

Pour encourager l'enfant qui ne veut pas dire bonjour :

→ *Allez ! Nous allons le dire ensemble, tous les deux, en même temps, mais je veux entendre ta voix !*

Stop à...

* Forcer/stresser/faire du chantage (je te donnerai telle chose si tu fais ceci ou cela).
* Brusquer et punir un petit enfant qui ne dit pas bonjour.

Astuce

* Organiser de petits spectacles, des lectures debout sur une chaise ou autres pour aider l'enfant à s'exprimer devant les autres, en commençant au sein de sa famille.

Si l'enfant manque de confiance en lui

Objectifs

1. Aider l'enfant à avoir plus confiance dans ses capacités.
2. Lui montrer ses talents et mettre en valeur les réussites qu'il a déjà à son actif.

Conseils pratiques

1. **Employons des mots encourageants** au quotidien et faisons confiance à l'enfant. Il s'agit d'une double confiance : celle qu'on lui accorde et la confiance en lui-même.
2. **Donnons-lui des occasions de réussite, des opportunités de succès** dans lesquelles nous savons qu'il va réussir : musique, sport, dessin, cuisine...
3. **Favorisons son autonomie** dans les petites tâches quotidiennes.
4. **Habituons-le à accepter de ne pas toujours réussir** et **incitons-le à essayer et réessayer** encore pour progresser.
5. **Félicitons-le de tout cœur** s'il a fait de son mieux (même si ce n'est pas très réussi), **en soulignant avec précision ce que nous apprécions particulièrement** : « J'aime beaucoup les yeux globuleux de ta grenouille ! »

PETITES PHRASES À LEUR DIRE

Pour encourager l'enfant avant un examen, une compétition, une performance :

→ *Ce n'est pas très facile, ce sera peut être difficile, mais tu peux le faire, tu peux le réussir !*

→ *De toutes façons – que tu réussisses ou pas –, nous t'aimerons toujours.*

→ *Tu ne joues pas ta vie !*
→ *Moi, j'ai confiance en toi.*
→ *Tu es capable. Tu peux le faire.*
→ *Tu as ce qu'il faut en toi pour réussir.*
→ *Je suis sûr(sure) que tu finiras par y arriver.*
Je te demande au moins d'essayer, même si tu ne réussis pas.
→ *Pour un jour réussir, il faut essayer sans se décourager.*
→ *C'est inévitable de se tromper pour apprendre.*
→ *Essaie encore. Plus tu essaieras, plus tu y arriveras.*

Stop à…

* Dire : « Tu vas y arriver, c'est facile ! » Mieux vaut reconnaître la difficulté qui se présente à l'enfant. Si l'enfant réussit à exécuter une chose facile, il a l'impression de ne pas avoir accompli grand-chose. S'il rate, il se croit incapable de faire une chose simple.
* Faire à la place de l'enfant.

Astuces

* Ouvrir grand nos yeux pour remarquer ce que l'enfant a réussi/fait/dit de bien.
* Quand il réussit quelque chose, amener l'enfant à reconnaître et exprimer des sentiments positifs en lui demandant, par exemple : « Alors, n'es-tu pas fier de toi là ? Et toi, que penses-tu de ton dessin/ta note, etc. ? »
* Ne pas hésiter à lui rappeler ses réussites, ses petites victoires le soir avant de se coucher, en lui disant toute notre admiration/joie.
* Repérer de quelle(s) façon(s) l'enfant a besoin d'être encouragé (paroles valorisantes, moments de qualité, gestes tendres, etc.).

Si un autre se moque d'un détail physique de l'enfant

La moquerie va de la taquinerie au sarcasme. Il s'agit de toucher, voire de tourner en ridicule une personne ; ce qui abîme ou ruine l'estime qu'elle a d'elle-même.

Objectifs

1. Toujours bien distinguer l'enfant lui-même de l'objet dont on se moque (appareil dentaire, lunettes, vêtement, etc.) ou de la caractéristique physique (strabisme, cheveux, couleur de peau...).
2. Aider l'enfant à supporter les moqueries.
3. Protéger sa confiance et son estime de soi.
4. Agir, si nous le pouvons, pour faire cesser ces moqueries.

Conseils pratiques

1. **Rappelons à l'enfant que nous (parents, famille) l'aimons de toute façon**, avec ou sans ses lunettes, son appareil dentaire...
2. **Aidons-le à relativiser** et, si possible, à prendre conscience que personne n'est parfait. **Tout le monde peut être sujet à la moquerie**.
3. **Apprenons-lui à accepter que, dans la vie, personne ne puisse plaire à tout le monde**.
4. **Réagissons** si les moqueries durent.
5. Adoptons un **ton ferme et sécurisant pour parler à l'enfant.**

PETITES PHRASES À LEUR DIRE

Ce que l'enfant peut répondre à celui qui se moque :

→ *Arrête tout de suite parce que, si je cherche, moi aussi je peux me moquer de toi très facilement !*

Pour rassurer l'enfant dont on s'est moqué :

→ *Tu N'ES pas tes lunettes/ton appareil dentaire/tes cheveux... ! Tu AS des lunettes/des bagues/les cheveux roux...*

→ *Peut-être qu'on se moque de toi parce que tu as des bagues/un grain de beauté, mais toi tu restes toujours le même et je t'aime toujours autant, que tu aies ou non des bagues/ce grain de beauté...*

→ *PERSONNE n'a le droit de se moquer de toi !*

→ *Tu as AUTANT de valeur que les autres.*

→ *Si tes amis ne sont pas capables de t'aimer avec..., ce ne sont pas des amis. Ils ne sont vraiment pas intéressants.*
Tu peux te passer de leur amitié parce que nous, nous t'aimons, et t'aimerons toujours.

Si un autre se moque du dessin/ du travail de l'enfant

Objectifs

1. Toujours bien distinguer l'objet dont on se moque (dessin, travail, performance...) de l'enfant.
2. Protéger sa confiance et son estime de soi.

Conseils pratiques

1. **Consolons avec cœur l'enfant** en le rejoignant dans son ressenti de tristesse/humiliation/colère...
2. **Aidons-le à ne pas se laisser miner par les paroles de méchanceté** des autres.
2. **Encourageons-le à persévérer**, à continuer à dessiner/danser... même si quelqu'un s'est moqué de lui.
3. Ne cachons pas pour autant, si c'est le cas, qu'il **peut s'améliorer**...

PETITES PHRASES À LEUR DIRE

Pour consoler l'enfant et l'aider à ne pas se laisser miner par des paroles de méchanceté :

→ *Je comprends que tu sois très en colère/écœuré(e)/triste...*
→ *Ce qu'il/elle t'a dit est très méchant.*
→ *En te disant que ton dessin est affreux, c'est comme s'il t'avait dit : tu es mauvais, je ne t'aime pas. Mais c'est ton dessin qu'il trouve mauvais et n'aime pas.*
→ *Continue à dessiner parce que tu vas faire des progrès et montre-moi ton dessin parce que, moi, je verrai tes progrès. Même si ce n'est pas complètement réussi, moi je t'aime.*

Ou :

→ *Tu es moins doué que lui en foot, et alors ?*
→ *Lui n'est pas encore très doué pour aimer. Il l'apprendra !*

Ou bien :

→ *Toi, comment trouves-tu ton dessin ? Que penses-tu de ce que tu as réalisé ? As-tu fait de ton mieux ?*

Pour encourager l'enfant à persévérer :

→ *Oui ? Alors continue ! Tu peux être fier(ère) de ce que tu as fait.*
→ *Si tu aimes ton dessin… tu peux continuer à l'aimer même si les autres ne l'aiment pas !*
→ *Untel a le droit de ne pas aimer. Nous n'avons pas tous les mêmes goûts. Si toi tu l'aimes, c'est ça qui est important.*
→ *Ce n'est pas grave qu'il/elle n'aime pas ton dessin. Ce qui est important c'est qu'il/elle continue à t'aimer toi.*

Si l'enfant reçoit des insultes et/ ou des coups à l'école

Agresser, c'est attaquer l'autre par des moyens physiques (coups) ou psychiques (paroles destructrices) afin de prendre le dessus, lui nuire, parfois gravement.

Objectifs

1. Aider l'enfant à se défendre tout en se protégeant intérieurement.
2. Sauvegarder sa confiance et son estime de soi.

Conseils pratiques

1. **Apprenons à l'enfant à ne pas attaquer. Cependant, si un autre le tape, lui fait mal, il doit résister, éventuellement se défendre.**
2. **Conseillons-lui en revanche de ne pas répondre** à celui qui profère des gros mots, des insultes, et de s'éloigner si c'est possible.
3. **Apprenons-lui à faire un petit travail intérieur** pour lui permettre de n'être ni touché ni miné par la parole toxique : visualiser le « parapluie magique » (*cf.* les Astuces ci-contre).
4. Si les insultes viennent d'un adulte, **demandons à l'enfant de nous le dire tout de suite**.

PETITES PHRASES À LEUR DIRE

Pour aider l'enfant à ne pas être touché par les paroles toxiques :

→ *JE ne suis pas ce que cette personne dit. Comme chaque personne, je suis une merveille !*

→ *Je reste fier(ère) de moi car, comme toute personne, JE suis unique et j'ai de la valeur.*

→ *Je laisse glisser ces paroles jusqu'au sol, comme la pluie sur un parapluie.*

→ *Je ne me laisse pas toucher et je me répète intérieurement de toute façon : « Je suis moi aussi une merveille. »*

Stop à...

* Fermer les yeux en se disant que c'est à l'enfant de se débrouiller tout seul.

Astuces

* Dessiner et expliquer à l'enfant qu'il doit emporter avec lui chaque matin une arme très efficace pour ne pas être touché par les paroles toxiques des autres : le « parapluie magique ». Sous un parapluie, nous entendons la pluie tambouriner sans être mouillés. De même, sous le parapluie magique, nous entendons les mots méchants mais nous ne sommes pas touchés. Nous pouvons nous dire intérieurement : « Même pas touchés ! »
* Dire à l'enfant qu'il a le droit de refuser les paroles méchantes et de les renvoyer à l'autre : « Non, je refuse ton insulte et te la renvoie ! ».
* L'aider à accepter de prendre le risque de perdre l'autre en lui disant non.

Si l'enfant subit des réflexions désagréables de son entourage proche

Objectif

Prendre toujours la défense de l'enfant.

Quand une personne proche critique méchamment/injustement l'enfant, la blessure fait particulièrement mal. Cette réflexion peut être ressentie comme un manque d'amour, voire une trahison : celui qui devrait le protéger, l'aimer, au contraire le blesse.

Conseils pratiques

1. **Rejoignons l'enfant dans ce qu'il ressent :** peine, colère, honte, humiliation, trahison... et **consolons-le** avec une profonde compassion.
2. **Veillons à rectifier dès que possible ce que la personne a dit** (devant celle-ci ou pas, selon les cas).
3. **Soyons vigilants à ne pas confier trop souvent un enfant seul** à des personnes qui le font souffrir (même s'il s'agit de ses grands-parents).

PETITES PHRASES À LEUR DIRE

Pour rejoindre l'enfant dans ce qu'il ressent et rectifier ce que la personne a dit :

→ *Mon chéri/ma chérie, je comprends complètement que tu te sentes humilié(e), blessé(e), en colère...*

→ *Je ne suis pas du tout d'accord avec ce qu'il/elle t'a dit : ...*

→ *Même si c'était vrai, il/elle n'aurait pas dû de parler comme ça.*

Stop à...

* Refuser de voir que telle personne de notre entourage proche est « nocive » pour notre enfant.
* Laisser l'enfant pâtir d'une relation mal ajustée avec une personne, sous prétexte qu'elle fait partie de la famille.

Si l'enfant se fait agresser régulièrement par un adulte ou un camarade

Le harcèlement est la répétition incessante et répétitive d'actes ou de paroles agressives qui finissent par anéantir la victime.

Objectifs

1. Faire la distinction entre des violences épisodiques et le harcèlement dont les conséquences sont graves.
2. Encourager l'enfant à parler rapidement à ses parents lorsqu'il en est victime.
3. Protéger sa confiance et son estime de soi.

Conseils pratiques

1. **Décodons les signes** qui peuvent être la conséquence d'un harcèlement : énurésie soudaine, chute des notes, troubles du sommeil, de l'alimentation, tristesse, dépression – ils peuvent être aussi les signes d'une autre difficulté. Les parents peuvent interroger l'enfant (qui leur en parlera rarement de lui-même).
2. **Instaurons un dialogue en confiance** avec l'enfant (souvent honteux) pour qu'il ose parler de ce qu'il subit. Cela peut prendre du temps… Il est difficile de confier qu'on a été humilié.
3. **Empressons-nous de le déculpabiliser**. **Rassurons-le et voyons comment le protéger :** aller voir le professeur, l'enfant, etc. (*cf.* le « parapluie magique », p. 165).
4. **En cas de harcèlement, consultons un thérapeute** pour restaurer la confiance en soi de l'enfant avant de lui apprendre à se protéger.
5. Élevons notre enfant en lui rappelant que **si ce genre de problèmes lui arrivent, il doit absolument nous le dire au plus vite**.

PETITES PHRASES À LEUR DIRE

Pour aider l'enfant à se confier :

→ *Si quelque chose ne va pas, tu peux toujours m'en parler.*

→ *Dès que quelque chose ne va pas, ou ne te semble pas normal, ou te fait peur, ou te met mal à l'aise, c'est très important que tu nous en parles à nous, tes parents.*

→ *Ne garde pas ça pour toi ; tu n'as pas à en être honteux(se). Ce n'est absolument pas de ta faute, c'est injuste et interdit. Cela te permettra de bien te sentir à nouveau.*

→ *Aucun adulte, pas même un professeur, n'a le droit de te ridiculiser/te blesser, etc.*

Stop à...

* Laisser faire en se disant que cela finira par passer.

Pour prévenir l'enfant des atteintes sexuelles et réagir si besoin

Cette prévention suppose que nous ayons déjà commencé l'éducation affective et sexuelle de l'enfant dès son plus jeune âge. C'est notre responsabilité de parents et elle doit se poursuivre.

Objectifs

1. Informer l'enfant des risques d'atteintes sexuelles, à partir de 4 ans et en adaptant notre langage.
2. Sensibiliser l'enfant à l'importance de parler à un adulte de confiance quand il se sent troublé.
3. Aider l'enfant à avoir la volonté de refuser de voir ou d'entendre ce qui est malsain.
4. Éviter à l'enfant de porter seul un secret trop lourd et toxique.

Conseils pratiques

1. **Indiquons « sans fausse pudeur les situations et circonstances concrètes** dans lesquelles l'enfant doit être prudent et vigilant, en état intérieur d'**alerte**[1]... » L'enfant ne peut pas les imaginer tout seul.
2. **Donnons ces indications calmement et avec sobriété, sans dramatiser, sans détails inutiles.**
3. **Demandons-lui d'avoir la force de s'éloigner** de ceux qui tiennent des propos malsains ou veulent lui montrer des images dégradantes.
4. **Soyons très vigilants aux accès à Internet** mis à la disposition des enfants et mettons-les bien en garde au sujet des tablettes, des téléphones qu'ont leurs amis à l'école ou ailleurs.

1. Inès Pélissié du Rausas, *S'il te plaît, parle-moi de l'amour. L'éducation affective et sexuelle de l'enfant de 3 à 12 ans*, coll. « Topiques », Saint-Paul, 2005.

5. **Maintenons un bon dialogue avec l'enfant** pour que, même s'il se sent honteux, il ne le garde pas pour lui et qu'il ose nous en parler à nous plutôt qu'à ses amis (en cas d'incident).
6. **Soyons attentifs à de brusques changements** de comportement de l'enfant.

PETITES PHRASES À LEUR DIRE

Pour encourager l'enfant à se confier :

→ *Nous sommes toujours là pour écouter ce que tu as à nous dire, ce que tu as pu voir/entendre, qui t'aurait gêné(e) ou fait peur.*

→ *Nous sommes là pour t'écouter, pas pour te juger ni pour te punir.*

→ *Si quelqu'un te dit ou te fait quelque chose qui te semble anormal, honteux, ce n'est pas de ta faute mais tu dois absolument nous en parler. Ce que tu trouves honteux ne doit pas t'empêcher de nous parler ; tu n'as pas à en être honteux(se) toi-même !*

Pour trouver les bons mots :

→ *Il y a des enfants mais aussi des adultes qui ne respectent pas le corps des autres, qui veulent regarder ou toucher leurs corps d'une manière que tu n'aimeras pas ou qui veulent jouer aux amoureux ; alors je te rappelle que quand tu as envie de dire NON dans ta tête, tu dois refuser fermement, dire NON tout haut !*

→ *Quand quelque chose te paraît anormal et surtout si on te demande de garder le secret, tu dois au contraire nous en parler au plus vite.*

Stop à...

* Cacher à l'enfant ces formes d'agression possibles.
* Prendre un baby-sitter sans références solides.
* Employer des mots qui banalisent le corps, la sexualité et l'amour.
* Laisser l'enfant jouer aux amoureux. Cette mode n'est pas sans effets pervers.
* Laisser l'enfant jouer avec un(e) ami(e) sans surveillance, même chez soi, ou s'enfermer dans sa chambre avec lui/elle pour jouer.

Astuce

* Être attentif à l'éducation à la pudeur pour que l'enfant prenne conscience que son corps n'est pas une chose : « Mon corps, c'est moi ! »

Conclusion : les 10 clés du bonheur

Transmettre l'amour et bien d'autres valeurs, par nos mots et nos attitudes

Un enfant qui se sent et se sait aimé est un enfant heureux qui, à son tour, rend heureux ceux qui l'entourent, parce qu'il a appris à aimer. Notre manière d'être et nos façons de parler et d'agir vont tout doucement l'imprégner.
Les conseils pratiques que nous avons proposés dans ce livre permettent aussi de transmettre les valeurs que nous désirons voir grandir chez nos enfants.

1. Apprendre à respecter la vérité

À nous d'être toujours dans une relation de vérité avec nos enfants. Nous le sommes à chaque fois que, par exemple, nous leur disons :

→ *Je n'aime pas ce que tu viens de dire : ce n'est pas vrai, même si je continue à t'aimer toi.*
→ *Tu t'es caché(e) pour que je ne voie pas ta bêtise, c'est un mensonge.*
→ *Je te félicite d'avoir eu le courage de me dire la vérité, ce qui est difficile et très bien.*

Quand nous annonçons à l'enfant ce qu'il va vivre, pour l'aider à apprivoiser un changement :

→ *Tu vas changer de crèche/de nounou/d'école… C'est nouveau mais tout ira bien.*
→ *Tu vas bientôt avoir un petit frère/une petite sœur…*

Dans un souci de vérité également, ne faisons pas croire à nos enfants que nous étions des enfants parfaits !

2. Acquérir le sens de la justice

Quand nous disons à notre enfant...

→ *Ce qui est juste, c'est ce qui s'ajuste à chacun et à chaque situation : aimerais-tu, par exemple, que je t'habille, toi un garçon de 5 ans, avec le body de ton petit frère de 3 mois ?*
→ *Ce que je fais en ce moment avec le bébé, je le faisais avec toi quand tu étais petit. Maintenant je te donne d'autres signes d'amour qui sont plus intéressants pour ton âge. Je continuerai toujours à t'aimer mais les signes de mon amour s'adapteront toujours à ton âge.*

... nous lui apprenons à ne pas avoir une mentalité calculatrice ; nous distinguons le sens de la justice du sens de l'égalité. Nous ne pouvons pas donner ni faire exactement la même chose à chaque enfant, même si chacun est aimé complètement. Ce sont les signes d'amour qui changent en fonction de l'âge et de la personnalité de l'enfant.

3. Construire sa liberté intérieure

Quand nous disons à notre enfant...

→ *Pour être à l'heure au dîner, est-ce ce que tu veux bien prendre ta douche maintenant ?*
→ *Pour que tu puisses avoir le temps de jouer, je te demande de te mettre au travail maintenant ; c'est le temps du travail.*
→ *Es-tu prêt(e) à aller jusqu'au bout de l'activité que tu as choisie ?*
→ *Que penses-tu de ce travail/dessin que tu as fait ? Es-tu satisfait(e) ? Si tu es satisfait(e), continue, sans t'occuper des commentaires de tes camarades.*

... nous l'aidons à développer un vrai sens de la liberté, en le laissant chaque fois que possible devant le choix entre telle ou telle action, tel ou tel comportement qui sera ou non dans le sens du bon, du bien, du vrai, du juste. L'enfant choisit donc en connaissance de cause, sachant que c'est lui qui vivra les conséquences, bonnes ou mauvaises, de son choix.

Notre rôle est également de l'aider à réfléchir pour résister aux influences extérieures (être à la dernière mode, acheter les derniers jeux en vogue, etc.) et à l'épauler pour rester fidèle à ce qu'il sait au fond de lui être bon, bien, vrai, juste.

4. Choisir de rester de bonne humeur

Quand nous disons à notre enfant...

→ *Je te demande de mettre le couvert/faire ton travail... Je sais que cela t'ennuie énormément mais si tu le fais avec le sourire et avec bonne humeur, tu verras que ce sera plus facile et que tu feras plaisir à tout le monde.*

→ *Je suis très content(e) de voir que tu débarrasses la table sans râler.*

... nous lui expliquons qu'il s'aide lui-même quand il garde le sourire, même si ce qu'il fait est ennuyeux, difficile.

Essayer de garder sa bonne humeur malgré l'adversité, choisir cette disposition intérieure fait grandir le sens de l'effort.

5. Savoir reconnaître ses torts et développer le sens du pardon

Quand nous disons à notre enfant…

- → *Je t'aime toujours autant mais je n'aime pas du tout ce que tu viens de faire (bêtise, colère, mensonge, etc.). C'est mal.*
- → *J'attends des excuses pour ce que tu viens de me dire avant de te reparler.*
- → *Je te demande pardon pour la peine que je t'ai faite.*
- → *Je t'invite à demander pardon à ton frère.*
- → *Est-ce que tu veux bien pardonner à ta sœur ?*
- → *Que peux-tu faire pour réparer telle ou telle bêtise/tel ou tel mensonge/telle ou telle méchanceté ?*

… – en gardant toujours bien à l'esprit de le distinguer de son acte –, nous lui apprenons à reconnaître ses torts après une bêtise, un mensonge, etc. Il n'est pas moins digne d'être aimé s'il a mal agi, mal parlé. Ce n'est pas lui qui est mauvais mais son acte, sa parole.

Demandons ensuite à notre enfant de rétablir la relation qu'il a abîmée. Demander pardon permet de se réconcilier et de consoler celui qui a souffert des conséquences d'un accès de colère, d'une bêtise, d'un mensonge, d'une méchanceté, etc.

N'hésitons pas à demander pardon nous aussi à nos enfants quand nous sommes allés trop loin : quand nos mots ont dépassé notre pensée ou quand la sanction était disproportionnée. Ne leur faisons pas croire que nous sommes parfaits. Demander pardon à un enfant ne remet pas en cause l'autorité parentale !

6. Stimuler courage et persévérance

Quand nous disons à notre enfant…

- → *Continue tes efforts ! Persévère !*
- → *Oui, c'est quelque chose que tu ne peux pas réussir du premier coup, continue !*
- → *Cherche une autre façon d'y arriver !*
- → *Repose-toi un peu et repars au combat !*
- → *Réfléchis : ne pourrais-tu pas faire différemment ?*
- → *La vie est parfois comme un combat, mais il faut mettre tout son courage, toutes ses forces pour gagner.*

… nous l'encourageons à persévérer, à durer dans l'effort, à ne pas lâcher avant d'avoir progressé ou réussi.

« Ne cherchez pas à éviter à vos enfants les difficultés de la vie ; apprenez-leur à les surmonter. » (Louis Pasteur)

7. Développer le sens de l'esthétique, du beau, du travail bien fait

Quand nous disons à notre enfant...

→ *Qu'est-ce que cela te fait ? Que ressens-tu quand tu écoutes cette musique/quand tu regardes ce tableau/ce bâtiment/ ce paysage, etc. ?*

... nous prenons simplement le temps de nous arrêter pour écouter, regarder, sentir, goûter... avec lui. Nous lui apprenons aussi à être à l'écoute de sa sensibilité, de ce qui se passe en lui.

Nous proposons à notre enfant des occasions d'apprécier ce qui est beau dans le quotidien et de découvrir que ce qui est simple peut être beau !

Quand nous disons à notre enfant...

→ *Je refuse la présentation de ce devoir bâclé, mal présenté, mal écrit... Je te demande de le recommencer proprement.*

→ *Je te demande de te tenir droit(e)/de fermer la bouche/ de t'habiller correctement, etc. pour respecter ceux qui sont avec ou en face de toi.*

... nous lui apprenons à aimer ce qui est beau, propre, et à bien faire ce qu'il fait. C'est autant le respect de soi que le respect des autres.

8. S'accorder avec le temps et vivre le temps présent

Quand nous disons à notre enfant…

→ *Il y a un temps pour chaque chose : un temps pour lire, un temps pour travailler, un temps pour jouer, un temps pour dormir, un temps pour les vacances, etc.*

… nous lui donnons des points de repère dans le déroulement du temps (journée, semaine). C'est un facteur de sécurité qui est bon et important pour lui.

Quand nous lui disons…

→ *Es-tu conscient(e) de ce que tu fais ou penses-tu à autre chose ? Es-tu à ce que tu fais ?*
→ *Sens-tu l'odeur de cette petite fleur ? Saurais-tu la reconnaître une autre fois ? Entends-tu l'oiseau qui chante ?*

… nous lui apprenons à vivre dans l'instant présent avec tous ses sens. Cette source d'équilibre psychique lui permet de se structurer tout en développant aussi le sens du réel.

9. Respecter les personnes et les limites

Quand nous disons à notre enfant…

- → *Tu es une personne, mais pas encore une grande personne avec une grande expérience ! La différence entre toi et moi, c'est l'expérience de la vie que tu n'as pas encore parce que tu es un enfant. Seuls les adultes peuvent te transmettre cette expérience. À ce titre, tu ne peux pas me parler ou parler à telle personne comme à un copain/une copine.*
- → *Je ne suis pas ton copain/ta copine. Tu ne peux pas me parler comme à tes copains, ni à aucun autre adulte.*
- → *Tu as le droit de te sentir en colère mais pas d'abîmer des objets ou de casser les oreilles de la famille.*

… nous l'habituons à respecter les autres, quelles que soient leurs limites (maladie, handicap, âge, etc.) et leur fonction (enseignant, gendarme, médecin, etc.). De même envers les objets et les règles de vie familiales et sociales. Avoir une relation parent-enfant respectueuse ne signifie pas « faire copain-copain » ! Cette attitude n'est ni juste ni bonne.

Quand nous demandons à notre enfant de…

- → *ne pas fouiller dans le sac de sa maman ;*
- → *ne pas se glisser dans le lit de ses parents en pleine nuit parce qu'il a peur ;*
- → *ne pas jouer dans la chambre de ses parents ;*
- → *frapper avant d'entrer dans la chambre de ses parents, la salle de bains, etc.*

… nous lui apprenons aussi le sens des limites dans le temps, dans l'espace, dans les actes. Tout n'est pas permis, tout n'est pas possible dans la vie. C'est aussi lui apprendre le respect de l'intimité de chacun.

10. Encourager l'ouverture aux autres

Quand nous disons à notre enfant…

- → *Comment cela se passe-t-il pour Charlotte, qui est nouvelle dans la classe ?*
- → *Si c'était toi le nouveau, qu'aimerais-tu que l'on fasse pour toi ?*
- → *Si tu étais à la place de… et que personne ne s'intéressait à toi, ne jouait avec toi, ne te parlait… comment le vivrais-tu ?*
- → *On ne laisse pas quelqu'un tout seul !*
- → *Penses-tu que tu puisses entraîner les autres à aller jouer avec celui qui est seul ?*

… nous l'éveillons à être attentif aux autres et l'encourageons à ouvrir son cercle d'amis à celui qui est ignoré et seul. Nous cherchons à susciter chez lui une prise de conscience de la souffrance de l'autre, en reconnaissant bien sûr que c'est difficile et qu'il faut du courage pour aller vers une personne isolée.

Remerciements

Merci à Thibault, qui m'a encouragée et soutenue dès le premier jour, lui qui partage avec moi l'éducation de Maxence, Gabriel, Timothée et Grâce.
Merci à Laetitia, Élisabeth, Flore, Tiphaine, Marie-Aude et Claire pour leur relecture attentive et leurs précieuses réflexions qui ont enrichi nos propos.

Site internet de l'auteur

Bernadette Lemoine, psychologue, est cofondatrice de l'association MCAdS (Mieux connaître l'angoisse de séparation) dont le but est de promouvoir une meilleure connaissance de l'angoisse de séparation auprès des parents et des éducateurs et de former des thérapeutes prenant en compte les conséquences de l'angoisse de séparation.

www.mcads.org

Pour aller plus loin

Psychologie, éducation

De l'enfant roi à l'enfant tyran, Didier Pleux, Odile Jacob, 2006.

Dis, maman, d'où viennent les bébés ? La première éducation affective et sexuelle. Dès 2-3 ans, Inès Pélissié du Rausas, Saint-Paul, 2015.

Éduquer, est-ce encore possible ?, Françis Mouhot, Médiaspaul, 2013.

Guide de survie à l'usage des parents. Les mots pour aider votre enfant à grandir heureux, Véronique Lemoine-Cordier, Quasar, 2013.

L'Enfant surdoué. L'aider à grandir, l'aider à réussir, Jeanne Siaud-Facchin, Odile Jacob, 2012.

Papa, s'il te plaît, c'est beau l'amour ? Que dire à mon fils préadolescent ?, Inès Pélissié du Rausas, Saint-Paul, 2014.

Pour une enfance heureuse. Repenser l'éducation à la lumière des dernières découvertes sur le cerveau, Dr Catherine Gueguen, Pocket 2015.

S'il te plaît, parle-moi de l'amour. L'éducation affective et sexuelle de l'enfant de 3 à 12 ans, Inès Pélissié du Rausas, Saint-Paul, 2005.

S'il te plaît, maman, parle-moi de l'amour. Que dire à ma fille préadolescente de 9 à 13 ans ?, Inès Pélissié du Rausas, Saint-Paul, 2013.

Tu n'es pas seul. Accompagner l'enfant en deuil, Marie-Madeleine de Kergorlay-Soubrier, Éditions du Jubilé, 2010.

Un petit bout de route pour un p'tit bout d'chou : comment parler de la mort d'un enfant avant la naissance, Albane de Latrollière et Colette Vyvey, EdB, 2018.

Une place pour le père, Aldo Naouri, Points, 2008.

Pour comprendre les émotions de l'enfant et mieux communiquer avec lui

Au cœur des émotions de l'enfant, Isabelle Filliozat, Poche Marabout, 2013.

Langages d'amour des enfants. Les actes qui disent « je t'aime », Gary Chapman et Ross Campbell, Farel, 2016.

Parler pour que les enfants écoutent, écouter pour que les enfants parlent, Adele Faber et Elaine Mazlish, Aux Éditions du Phare, 2016.

Petit Décodeur illustré de l'enfant en crise. Quand la crise nous fait grandir, Anne-Claire Kleindienst et Lynda Corazza, Mango, 2017.

T'es toi quand tu parles. Jalons pour une grammaire relationnelle, Jacques Salomé, Pocket, 2015.

Transmettre l'amour. L'art de bien éduquer, Paul Lemoine, Nouvelle Cité, 2007.

Pour repenser sa relation au quotidien avec les enfants

J'arrête de râler sur mes enfants (et mon conjoint). 21 jours pour changer, Christine Lewicki et Florence Leroy, Eyrolles, 2013.

Pédagogie, scolarité

Apprends-moi à faire seul. La pédagogie Montessori expliquée aux parents, Charlotte Poussin, Eyrolles, 2016.

Dès la maternelle, comment vivre ma vie ? Marie-Odile Peaucelle, François-Xavier de Guibert, 2011.

Les Lois naturelles de l'enfant. La révolution de l'éducation à l'école et pour les parents, Céline Alvarez, Les Arènes, 2016.

Mind map. Dessine-moi l'intelligence, Tony et Barry Buzan, Eyrolles, 2012.

Sites web

Grandirquellehistoire.com
Mamanvogue.fr
Mcads.org

Table des matières

Les mots secours pour apaiser les tensions au quotidien 73

Les mots moteurs pour éduquer au quotidien 113

Aux éditions Albin Michel

Des ouvrages ressources pour la famille

Pédagogie, éducation

Comme le lion et le lionceau. 40 jeux pour plus de complicité parent-enfant, Jean-Marie Frécon, 2017.

Dyslexique, vraiment ? Et si l'on soignait l'école. Les méthodes de lecture mises en cause, Colette Ozilou, 2014.

Élever ses enfants sans élever la voix. Guide pratique de l'éducation bienveillante, Nathalie de Boisgrollier, 2014.

Heureux à l'école : tout commence à la maison. Le guide pratique des parents bienveillants, Nathalie de Boisgrollier, 2016.

Bien-être, relaxation

Concentration et relaxation pour les enfants, Jacques Choque, 2017.

Enfants, ados… les aider à dormir enfin. Des solutions pour parents épuisés, Michèle Freud, 2015.

Je fais le loir, le cobra et la rainette. 50 exercices de yoga pour les enfants, Jean-Pierre Clémenceau, 2015.

Massages pour les bébés et les enfants, Jacques Choque, 2017.

Santé, médecines douces

Le Guide familial des plantes qui soignent, Jean-Pierre Théallet, 2016.

Huiles essentielles spécial famille. 100 petits maux de la vie quotidienne, coll. « Réflexe aroma », Dr Jean-Pierre Willem, 2018.

Huiles essentielles anti-stress. 50 stress de la vie quotidienne, coll. « Réflexe aroma », Dr Jean-Pierre Willem, 2018.

Naturo famille. 100 petits maux de la vie quotidienne traités par les plantes, Nathalie Grosrey-Lajonc, 2014.

Ouvrage publié sous la direction de Laure Paoli

Responsable éditoriale : Véronique Galland
Relecture et corrections : Alice Breuil
Conception graphique et mise en pages : Stéphanie Le Bihan
Illustrations : Laetitia Zink

Éditions Albin Michel
22, rue Huyghens, 75014 Paris
www.albin-michel.fr

ISBN : 978-2-226-39865-9
N° d'édition : 22955/02 – N° d'impression : 86757
Dépôt légal : mai 2018
Imprimé en France par Pollina, Luçon.